授权经济

LICENSING ECONOMY：THE ROAD TO WEALTH OF THE NEXT 100 YEARS

通往未来百年财富之路

杨守民
陈保青◎著

当代中国出版社
Contemporary China Publishing House

2021年·北京

图书在版编目（CIP）数据

授权经济：通往未来百年财富之路 / 杨守民，陈保青著. -- 北京：当代中国出版社，2021.2

ISBN 978-7-5154-1004-3

Ⅰ.①授… Ⅱ.①杨… ②陈… Ⅲ.①授权经营—研究 Ⅳ.①F279.24

中国版本图书馆 CIP 数据核字（2021）024047号

出 版 人	曹宏举
责任编辑	陈 莎 周显亮
装帧设计	末末美书
出版发行	当代中国出版社
地 址	北京市地安门西大街旌勇里 8 号
网 址	http://www.ddzg.net 邮箱：ddzgcbs@sina.com
邮政编码	100009
编 辑 部	（010）66572264 66572154 66572132 66572180
市 场 部	（010）66572281 66572161 66572157 83221785
印 刷	河南大家印包装科技有限公司
开 本	787 毫米 ×1092 毫米 1/16
印 张	15.75印张 143千字
版 次	2021 年 2 月第 1 版
印 次	2021 年 2 月第 1 次印刷
定 价	72.00 元

目录

第三章 借船过海——被授权商拥抱授权经济

第四章 先行者：国外动漫授权经济

第五章 后来者：中国动漫授权经济

第六章 未来中国授权经济：在焦虑与希望中前行

序言

通往未来百年财富新世界

21 世纪 20 年代注定会是一个令人无比焦灼的年代。

互联网浪潮以不可想象的速度横扫整个社会，不留余地，不分对错，不讲道德。在它的冲击下，每个人都像没穿防护衣暴露在太空中的宇航员，赤裸裸地接受太空风暴的冲击，没有人能置身事外。

整个中国社会就像一口沸腾到了极点的大粥锅，无数泡沫瞬间形成，又有无数泡沫瞬间破裂。

每天，中国有超过 1.5 万家创业公司诞生，在淘汰加速度下，它们中的绝大部分会在 18 个月内失败。

互联网浪潮造就了一个个风口，把很多猪吹上了半空，又摔死了绝大部分猪。

是做一个勇闯新路的艰辛无比的开拓者，还是做一个善于借助已有资源搭乘“顺风车”的取巧者，这是摆在很多人面前的问题。

何为成功？事事亲力亲为、白手起家是成功；能够聚合一批能力各异的人，将其拧成一股绳，合力达成梦想是成功；借助他人或者平台的力量实现自己的目标也是成功。条条大道通罗马，而不必强分高下。

站在巨人的肩上，借助巨人的眼睛看清未来的道路，紧跟巨人的脚印往前走，这就是成功。

巨人的脚印在哪里？

我们来看一位让很多人敬佩的日本企业家和创造者，他便是大名鼎鼎的柳井正。

全世界有很多卖衣服的，但只有柳井正卖出了优衣库，卖成了日本首富。

作为纵横商海多年的著名企业家，柳井正的传记故事很容易就能在网上找到，但如果仅仅是看故事，这对我们来说并没有多大价值。我们要明白，让柳井正如此成功的，不是那些惊心动魄、跌宕起伏的故事，而是他的商业思维。历史背景无法复制，成功者的道路和经历也无法复制，能够复制和借鉴的是他的思维。

在柳井正的商业历程中，有四个关键点，了解了这四点，我们就能把握柳井正的思维和判断。

第一个关键点，是年轻的柳井正差点儿把父亲辛苦创办的小公司给折腾散架了。

1971年，柳井正到父亲的“小郡商事”西装店帮忙打理生意。这是他父亲辛苦创办的一家传统的小服装店，用柳井正的话来形容：“虽然没有到亏本的地步，但也赚不到大钱。”23岁的柳井正按照自己的想法和自己在超市打了9个月工获得的经验，开始了大刀阔斧的改革。改革的结果是：6名创业老员工中的5位，包括店长，都辞职了。柳井正不为所动，坚持自己的想法。

这是柳井正经营优衣库的第一步：破而后立。

做出这一步突破并不是一件容易的事情。对日本文化有一定了解的人才会知道，“改革”和“革命”在日本是不受欢迎的。在日本人眼里，“创业者”往往是贪婪、张扬的代名词。他们更习惯于按照已有的固定流程，一成不变地延续下去，不求突破，但求稳妥。这也是日本的百年家族企业那么多的重要原因。

柳井正偏偏不是那种天生服从的日本人。他精力充沛，不愿受规则束缚，以离经叛道为乐，是那种时刻要求别人服从，又肯用心琢磨钻研的人。这或许是所有创业成功者的共同特质。

第二个关键点，是柳井正考察了海外市场，寻求新突破，借他山之石，以攻其玉，创办了价廉物美的快消大众品牌。

20 世纪 80 年代初，柳井正在伦敦遇到了令他永生难忘的一家品牌——NEXT。这家服装公司在品牌经营理念上是“Affordable lifestyle”（所有人都能负担的生活方式），这给了柳井正创立优衣库的灵感，由此确立了优衣库“Made For All”（造服于人）的品牌理念。

与不断细分市场、锁定具体目标人群的现代营销理念完全相反，别人往“窄”里走，柳井正偏偏往“宽”里走，却恰巧适应了当时日本突变的大环境。

80年代中后期，日本人均GDP超过了美国，成为世界上最大的债权国，富得流油的日本人在美国疯狂地“买买买”，引起美国人的不断惊呼。历史上，日本大众从来没有过那样天堂般富裕快乐的日子。转眼到了1990年，日本经济泡沫开始破裂，经济出现大倒退，“日本神话”迅速终结，进入了平成大萧条时期。房地产泡沫破灭，大批企业倒闭，国民收入缩水15%，无数中产阶级破产，终身雇佣制慢慢瓦解，“临时工”大增，甚至出现群体性失业。日本开始了“失去的20年”。

机会就藏在风险中。柳井正敏锐地发现了商机：

日本人变穷了，但需求依然在。没有人愿意降低自己的生活品质，哪怕是在消费降级的绝对前提下。所以，价格降低而款式和品质方面保持一定水平的快速时尚消费品，一定是消费者的最佳选择！

这个关键的领悟造就了优衣库。柳井正开始全力将优衣库塑造为中产阶级喜闻乐见的中高级品牌。没有这一步，就不会有优衣库后来的辉煌。

第三个关键点，是柳井正将优衣库“重新定义”为一家“科技公司”，打造出一系列高功能性、优质且性价比更高的爆品。

这里面，最著名的便是优衣库的摇粒绒。

今天看起来平淡无奇的摇粒绒，在20世纪90年代的日本并不是大众消费品。当时摇粒绒被美国垄断，价格昂贵，主要用在高价户外服装，动辄便是1万日元，不是一般人能消费得起的。

柳井正找到供应商，一起研究如何生产出同质低价的商品。经过艰苦的技术改良，摇粒绒的产品成本终于降了下来。

1998年，优衣库推出了轻薄短小、保暖舒适的“摇粒绒”产品，价格只有市场同类产品的1/5，并且花色多达15种。这一震撼性举动，让优衣库迅速成为占领日本国内市场的国民品牌。当年，优衣库“摇粒绒”卖出了200万件。2000年，一口气热销2600万件，几乎每5个日本人中就有一人购买！

2003年，优衣库的HEATTECH产品上市。它使用“纤维吸湿发热”原理，通过保存人体蒸发的水分进行保暖。这款产品的年销售目标为 150 万件，而如今，它的销量已超过 3 亿件！

2004 年，引爆女性用户的 BRA-T 产品发布。

2007 年，保温性男女内衣发布。

2008 年，机洗不缩水的可机洗毛衣发售。

2009 年，超薄羽绒服发售。

……

这个过程中，优衣库走出日本，成为世界品牌，便是顺理成章的事情了。中间虽有坎坷，不断犯错，但无碍大局。

优衣库外景

第四个关键点出现在 2013 年。

这一年，柳井正找来了一位时尚潮人 NIGO 担任优衣库 UT 创意总监。UT 是优衣库 2003 年创立的 T 恤品牌，当时柳井正

优衣库店内场景

希望找到一种完整的服装生产模式，来实现他既优质又兼具低价的经营理念，他选中了 T 恤。很明显，他延续了以往的成功思路，但这一次柳井正的思路实行得并不顺利，最初几年，UT 靠薄利多销吸引顾客，直接做成了大卖场里的“大路货”。而 NIGO 这位曾经一手缔造 BAPE 品牌的潮流先驱，与优衣库 UT 的结合可谓珠联璧合。柳井正这次“宝”押对了，优衣库迎来了再一次蜕变。

在 NIGO 的主导下，UT 开始了新的玩法。

这个新玩法就是借助各种 IP 的力量，让优衣库与时尚潮流结合，吸引更多年轻人。这之前，优衣库虽然颇受欢迎，但大众对它的印象一直停留在“基础款”“水准以上的质量”和“平价”上，性价比很高，但缺乏时尚感，上不了大台面，不像一个年轻人的品牌，对年轻人吸引力平平。这对优衣库的未来发展绝非好事，也绝非小事。

NIGO的加盟，帮助优衣库在“简约、百搭、舒适”的标签之外，增加了“年轻人生活方式”的标签，UT变得更加时尚。更加新潮。UT卖的并不是T恤，而是文化。将文化和艺术穿在身上，让T恤成为行走的艺术品，让UT成为产品、文化和艺术的结合体，令其体现年轻人的追求和个性，帮助他们表达“我想成为什么样的人”，这就是UT的新理念。

2015 年，优衣库和迪士尼启动了名为“MAGIC FOR ALL”的全球性战略合作。

2016 年，UT 很有魄力地与著名的街头潮流艺术家 KAWS 合作。

2017 年，与任天堂合作。

2018 年，与《周刊少年 JUMP》合作。恰逢《周刊少年 JUMP》创刊 50 周年，此次合作的漫画主题囊括了很多人的儿时回忆，包括《龙珠》《海贼王》《猎人》《足球小将》《银魂》《幽游白书》等。很多人一大早便前往实体店排队等待，开门后，货品被瞬间抢购一空。

2019 年，优衣库 UT 与 KAWS 再次合作，开启了一场全世界疯狂抢购的“名场面”，成为现象级事件。在线上也是火爆无比，天猫上架 3 秒即告售罄，带动优衣库品牌搜索量在天猫增长 37 倍，“优衣库联名款遭哄抢”微博话题阅读量达 4.7 亿。

这些不过是优衣库 UT 合作过的 IP 的一小部分，其他合作的 IP 名单能列出长长的一条：“漫威”“樱桃小丸子”“小猪佩奇”“小黄人”“Line Friends”“星战”“史努比”“Pharrell Williams”“星球大战”“高达”“乐高”“暴雪”“哆啦 A 梦”……

很多次 UT 新款发布，都引起了年轻人的抢购，以及“黄牛”们的涨价倒卖。

已过而立之年的优衣库与年轻时尚 IP 的结合，让优衣库斩获了新时代这一波庞大的消费主体，引领着优衣库走向未来几十年的成功。

这就是柳井正，哪怕已是七十高龄，依然目光敏锐，完全没有常见的“老而昏聩”的问题。

2019 年，面对互联网的冲击，柳井正在一次采访中这样说道：“要跟上变化，让企业持续生存发展，就必须志存高远，保持敏捷，并经常进行自我革新。企业一旦发展停滞，就失去了存在意义。”

往前推12年，2009年，优衣库就在天猫上开通了天猫旗舰店，积极拥抱互联网时代，比竞争对手ZARA、H&M要早得多。也就是在这一年，柳井正60岁生日的时候，他以61亿美元身家，首次成为《福布斯》日本首富。之后的2010年、2012年、2013年，柳井正都高居榜首。

2019财年，优衣库销售额同比增长7.5%，达到2.29万亿日元。柳井正及家族以197亿美元财富，位列“2020福布斯全球亿万富豪榜”第41位，而优衣库名列福布斯“2020全球品牌价值100强”第84位！

柳井正不仅是过去的成功企业家，更是现在的成功企业家，也会是未来30年的成功企业家。

回过头来看柳井正的四个关键点，我们能学到几个？坦率地说，第一个、第二个和第四个，科技爆品这一套绝大部分人都只能望而却步。

那么，哪个最具可操作性呢？答案是第四个——IP授权合作。

柳井正做的事情，阿里巴巴也在做。

在阿里影业发布的2019年度报告中，截至2020年3月31日年度报告期内，受新冠肺炎疫情的影响，阿里影业营收同比下降5%，经营亏损从去年同期的4.97亿元增至9.81亿元，同比增长97%！

营收和利润整体下滑的同时，综合开发业务板块却神奇地实现了2.42亿元的收入，同比大增118%；特别是，实现经营利润1.36亿元，同比增长103%！

这个综合开发业务是做什么的呢？它的主体是阿里鱼，又分为 IP 授权业务和娱乐电商两个相互合作的子板块，于 2016 年 5 月 25 日首度公开亮相。这是阿里巴巴进入全球 IP 市场的明显信号，从社交到支付，从出行到娱乐，阿里巴巴的触角终于也伸进了品牌授权领域。到 2017 年，阿里鱼与宝可梦达成了战略合作，获得了宝可梦 IP 在中国的衍生品和营销授权。

这是一个非常大的突破。行业内的人会知道宝可梦在品牌授权市场有多么受欢迎。宝可梦作为全球最赚钱的 IP 之一，累计收入 950 亿美元，其中衍生品收入便达到 641 亿美元（约合人民币 4330 亿元），占比高达 67%！

以上不过是品牌授权领域的冰山一角。

根据《2020 年中国品牌授权行业发展白皮书》，2019 年我国年度授权商品零售额达 992 亿元，同比增长 15.9%。在中国的品牌授权企业总数为 542 家，同比增长 31.6%；已经开展授权业务的 IP 为 2006 项，同比增长 36.2%。

而在 2018 年，我国年度授权商品零售额达 856 亿元人民币，同比增长 14.6%。在中国的品牌授权企业总数为 412 家，同比增长 26%；已经开展授权业务的 IP 为 1473 项，同比增长 42.7%。

这样的爆发式增长速度，放在生意越发难做的近几年，是非常惊人的。要知道，2019 年中国企业 500 强，这 500 家顶尖企业的营收同比增速也只有 11.14%。

以上依然是冰山一角，我们把视野扩展到全世界。

在欧美，品牌授权已经非常成熟。过去的 100 年中，品牌授权给持有者带来了源源不断的收入，简直就是一只不停下金蛋的母鸡，被誉为“21 世纪最有前途的商业经营模式”。

《2020 全球授权市场报告》显示，2019 年全球授权商品零售额增长至 2928 亿美元，比 2018 年的 2803 亿美元增长 4.5%，是 6 年来增幅最高的一年。这其中，北美地区占比 58%，达 1697 亿美元，中国稳居第五（第一至第四分别是美国、英国、日本和德国），不过份额比美国少了很多，只占全球份额的 3.6%，总量为 104 亿美元，但是从增长速度来看，中国 9.7% 的增速，稳居前列。因此，中国的 IP 授权发展潜力和空间十分巨大，是一片广阔无边的蓝海。

按照中国的发展速度，到 2035 年，中国将基本实现现代化，经济实力、科技实力、综合国力大幅跃升，人均 GDP 达到中等发达国家水平，从 2020 年的 1 万美元增加到 2035 年的 1.5 万—2 万美元。相应地，国民需求也将继续向着高端化、多元化的方向发展，文化产业将迎来大发展，大众对于 IP 文化的需求更加庞大。

2018年，中国年度授权商品零售额增长速度为14.6%，2019年为15.9%。未来15年，我们按照年增长10%估算，到2035年，中国年度授权商品零售额将增长300%，达到3424亿元的规模！

再过 15 年，到了 2050 年，中国将成为现代化强国，我们按年增长 8% 来计算，品牌授权的规模将超过 1 万亿元！

这并非夸张。

在《Brand Finance 2020 年全球品牌价值 500 强报告》中，美国上榜品牌最多，有 206 个；中国次之，只有 76 个。但是我们要看到，10 年来，全球品牌排行榜品牌价值总体增长了 143%，而中国入榜品牌的总价值增速是榜单整体品牌价值增速的 8 倍！这其中表现最亮眼的是阿里巴巴，它的品牌价值增长全球第一，10 年间增长了惊人的 4029%，现在品牌价值为 188 亿美元！

再对比一下 2020 年《财富》世界 500 强排行榜，中国大陆（含香港）公司数量达到 124 家，历史上第一次超过美国的 121 家。加上中国台湾的上榜企业，中国共有 133 家公司上榜！

根据品牌建设的规律，可以很明确地预测，中国品牌将在未来10年迎来大爆发，产生更多有世界影响力的品牌，慢慢与美国品牌分庭抗礼。相应地，它的分支——品牌授权也将迎来大爆发。

与美国品牌授权分庭抗礼，这依然不是中国品牌授权的终点。在规模上，中国的品牌授权追上欧美日还需一些时日，但是在品牌授权的模式上，中国已经在欧美日品牌授权的模式基础上实现了升级，品牌授权与互联网深度融合，让品牌授权拥有了新的更大的发展空间。这种新的品牌授权模式我们可以称为品牌授权 2.0。它的代表者就是南极人。至于南极人到底如何将品牌授权玩得如此精彩，我们后面会讲到。

与互联网经济深度融合的品牌授权 2.0，在欧美日品牌授权市场是不可能诞生的，只有在互联网发展领先于世界，具备强大的工业生产能力、完备的产业链以及无与伦比的效率的中国才能诞生并发展下去。在未来中国出现的更多世界级品牌的带领下，结合中国品牌授权 2.0 模式（甚至可能进化出 3.0 模式），它将带来巨大的冲击。

所有这些，昭示着一种新的经济模式正在形成，这就是授权经济。它将在未来 30 年甚至百年展现其旺盛的生命力，引领商业发展，渗透人们日常生活，成为一股不可阻遏的浪潮。

第一章

我们该如何定义授权经济

第一节
从品牌到品牌授权

要谈授权经济，我们先要知道什么是品牌授权。正是在品牌授权基础上，才有了充满生命力和广阔发展空间的授权经济。而要谈品牌授权，我们又要先明白什么是品牌，然后才能明白为什么品牌可以授权。

直观地讲，品牌就是名称、术语、标记、符号或设计，或是它们的组合，用以与竞争对手的产品或服务相区别。

从消费者的角度来讲，品牌是商品透过消费者生活中的认知、体验、信任及感情建立的一种关系。

从企业角度来讲，品牌是一种很难准确计算但又能产生增值的无形资产，代表了企业的底蕴，具有价值功能。

能够进行品牌授权，是因为品牌有一个特质：它既依托于产品，又可以超脱产品。

现代企划鼻祖史蒂芬·金（Stephen King）曾说过："产品是工厂所生产的东西，品牌是被消费者购买的东西。产品可以被竞争者模仿，品牌却是独一无二的。产品极易过时落伍，成功的品牌却能持久不衰。"

作为实体的产品主要体现的是使用价值，而无形的品牌则是产品个性化的表现，包含价值、个性、文化等，是消费者心中被唤起的情感、偏好、信赖等，体现的是产品与消费者之间的关系。

那么，品牌具体是如何超脱产品的？

通常来讲，一件产品会经历这样一个生命周期：导入期、成长期、成熟期和衰退期。

1. 导入期。新产品投入市场，进入导入期。这是市场开拓阶段，顾客较少，销量也较少，盈利同样很少，甚至会亏损，需要大力营销。

2. 成长期。顾客已经从"认识"产品过渡到"认知"产品甚至"认同"产品，产品销售上升势头很快，市场逐步扩大，产品利润也迅速增加。这一阶段，竞品可能会迅速出现，抢夺市场，导致产品价格下降。

3. 成熟期。市场需求趋向饱和，潜在的顾客已经很少，销售增速放缓甚至停止。随着竞争的加剧，企业利润也开始下降。

4. 衰退期。产品开始遭到顾客抛弃，转而购买更新潮的产品，销量出现下降，利润也随之大幅下降。

依附于这件产品之上的品牌则会相应经历这样的生命周期：导入期、知晓期、知名期、完善期和退出期，或者认知期、美誉期、忠诚期和转移期。这两种分类，前者是从经营者角度，后者是从消费者角度，在逻辑上跟产品生命周期是相同的。

品牌的特点就在这里体现出来了：如果精心打造，经营良好，品牌便可以超越产品的生命周期，独立出来，以及不断接纳新的产品加入，并赋予产品更高的价值和价格，为企业创造更高的利润。如果做到极致，品牌可以一直向前延伸，近乎长生不死。

可口可乐的老板有一句名言："即使全世界的可口可乐公司全部毁于大火，我仍然可以一夜之间重新建立起全球最大的饮料帝国。"他的底气便是可口可乐的品牌力量。在《2020年全球品牌价值500强报告》中，可口可乐排名第34位，品牌价值高达379亿美元。它脱离了产品，成为独立的存在，具有巨大的价值。

当品牌建立后，它就可以脱离产品，变成一个"篮子"，不断装入新的产品。进入"篮子"的新产品可以极大地缩短导入期和成长期，快速进入成熟期，并长期停留于此。

甚至有的时候企业亏损，产品停产，但是品牌依然在，依然有价值，那就存在东山再起的可能，或者重新注资，或者转为轻资产，进行品牌授权。

品牌授权，便是因为品牌的相对独立性，它可以剥离出来，用作他途。

从标准定义来说，品牌授权又叫品牌许可，是指授权者（版权商或代理商）将自己所拥有或代理的商标或品牌等知识产权，以合同的形式授予被授权者使用；被授权者按合同规定，从事经营活动（通常是生产、销售某种产品或者提供某种服务），并向授权者支付相应的费用；同时授权者给予被授权者人员培训、组织设计、经营管理等方面的指导与协助。

我们以一个现实生活中的例子来解说品牌授权：

2017 年初，名创优品携手二次元网红“三只裸熊”，推出了裸熊系列周边产品。“三只裸熊”是 2015 年 7 月推出的电视卡通形象，讲述了一只叫 Grizzly 的热血棕熊、一只叫 Panda 的死宅熊猫、一只叫 Ice Bear 的高冷但暖心的北极熊的日常生活故事。相较 Hello Kitty 与轻松熊等，“三只裸熊”这个 IP 虽然尚在幼年，但凭着可爱的形象、有趣的角色设定和贴近生活的故事情节，迅速俘获了大批“90 后”“00 后”粉丝的心。

名创优品与“三只裸熊”的合作，便是一次标准的品牌授权范例：

“三只裸熊”的IP所有者是美国的Cartoon Network，在这次合作中是授权商，名创优品则是被授权商，用于授权的知识产权被称为授权品牌（简称品牌）。而使用该授权品牌的产品则是授权商品（某些情况下是授权服务）。

从效果上来说，这是一个双赢的合作模式。授权方获得了授权的收益，一定程度上扩大了IP影响力，延长了IP的生命周期；被授权方借此吸引了IP的广大受众，带动了授权商品的销售，同时在一定程度上提升了自身品牌的知名度。

品牌授权合作通过签署合同的方式达成。合同中会约定授权形式、授权期限、版权金额及支付方式、授权后管理以及其他约定（例如渠道限制）。

1. 授权形式一般分为独家授权和非独家授权。非独家授权是目前常见的授权方式。“不把鸡蛋放在一个篮子里”，授权商可以有效降低风险，例如在合同期内被授权商经营不善甚至破产倒闭，授权商可以及时止损，寻找新的合作者。并且，合同往往会严格约定被授权商无权转授，无论是品牌的全部还是一部分。比独家授权更进一步的是独占授权，授权商自己也不能使用该品牌，完全由被授权商使用。

2. 对于授权品牌的使用限制，往往会有详细的严格的限定，不能越界。比如约定分销渠道，约定不能更改品牌的标识，授权品牌一般不能用于促销品或者赠品，因为促销品和赠品是免费分发的，不会产生利润，而且这对品牌的价值会产生无形的伤害。

3. 授权期限一般在 2—5 年，合同期满后，被授权商必须停止使用授权品牌。如有继续合作的意图，则双方提前沟通，商定后续签事宜。

4. 授权商与被授权商仅仅是合作的关系，是各自独立的经济实体，各自承担民事责任，双方的债权、债务，除与品牌合作相关外，均不得涉及对方，也不承担法律连带责任。

5. 版税支付（授权金）是授权合同的重头。合同签订后，被授权商一般需要向授权商支付一笔预付款，并约定后续期限的费用支付，例如按营业额分成，或者按固定金额收取，但一般会设定一个保底或者保证金，以保证授权商的利益。至于预付款，则会在后续付款中相应减除。目前，国内绝大部分企业授权金仍沿用传统模式，即保底授权金 + 超出保底部分按销售额（批发或者零售）一定比例进行收取。此外，版权方和被授权商进行资源互换，联合推广的方式也比较流行。

根据《2020 全球授权市场报告》，从市场占比来讲，品牌授权可以分为以下几大类别：

1. 娱乐 / 角色授权。从授权类别来看，它历史最为悠久，一直是品牌授权中最大的类别，占据了半壁江山。到了 2019 年，这种局面依然没有改变，娱乐 / 角色授权销售收入达 1284 亿美元，占全球授权市场 43.8% 的份额，与 2018 年持平。同时，它也是品牌授权中出现最早的。这个格局，在中国也不例外。

娱乐/角色授权主要指的是与动漫影视相关的授权。包括卡通造型授权，例如迪士尼公主系列、飞天小女警、哈利·波特、天线宝宝、海绵宝宝、兔八哥、小黄人、流氓兔、趴趴熊、凯蒂猫、辛巴狗和哈米兔、雅皮狗等；还包括影片娱乐授权，例如《海底总动员》《星际宝贝》《小熊维尼》《哈利·波特》《绿巨人浩克》《E.T.》《蜘蛛侠》《粉红豹》《太空战士》及奥黛丽·赫本、披头士、猫王等。

图 1–1　街头的猫王、绿巨人、福尔摩斯 Cosplay

图 1–2　粉红豹玩具

图 1–3　“哈利・波特”玩具

图 1–4　海绵宝宝玩具

图 1–5　“披头士”列侬墙涂鸦

2. 企业品牌。这是占比第二大门类，销售收入为 601 亿美元，份额是 20.5%，比 2018 年下降了 0.5 个百分点。

企业品牌授权，例如企业的食品饮料品牌、汽车品牌、服饰品牌，甚至企业本身的名字，都可以进行授权。

相比娱乐/角色授权，企业品牌授权开展得比较晚。在品牌授权兴起的初期，基本上是影视娱乐界的天下，后来企业界开始插手，发现自己完全可以分一杯羹，于是企业“不务正业”，企业品牌授权开始流行。

比如可口可乐。可口可乐的主营是饮料，开始时一心一意只做饮料，后来发现有一些与饮料相关的产品竟然顶着类似可口可乐的名字在卖，就像吸附在鲨鱼身上搭“顺风车”的鲫鱼，吃又吃不到，甩又甩不掉。可口可乐转念一想，干脆自己来做这件事情。可口可乐的品牌授权就这样展开了。

一旦做起来，就一发不可收拾。可口可乐慢慢发展出了几百家被授权商，授权种类主要为服装、鞋包，除了与一些服装品牌合作，可口可乐还创立了自己的服装品牌 Coca cola clothing，主打青春、激情、运动。

可口可乐品牌授权的收入在可口可乐总利润中的占比并不高，只有 0.3% 左右，但鉴于可口可乐利润总数的庞大，这是一笔非常可观的收入。

做类似事情的知名企业还有很多，比如作为可口可乐竞争对手的百事可乐，它授权过百事T恤、百事背包，甚至还有百事手机。

又如法拉利。在它的专卖店里，有法拉利跑车模型、玩具、水杯、皮带、领带、手套、钥匙扣、头巾等，至于价格，只有一个字：贵。

再如奔驰授权生产的打火机，采用双电弧触碰点火，超级防风，安全性能高，造型奢华大气时尚，颜值超高，便于携带，非常凸显身份。

这些品牌授权行为，一方面增加了企业的收入，另一方面，这些授权产品与品牌的消费群体气质贴合，又时刻强化着企业的商标价值，可谓相得益彰。

在企业授权方面，中国目前发展得还比较落后，在中国授权市场上只占6%，有待众多企业努力。

3. 时尚授权。这是第三大类别，2019年销售收入达338亿美元，占11.5%的份额，比2018年增长了4.8%。

时尚授权基本上是时尚品牌和设计师品牌，多见于服装产品。知名的设计师品牌有Pierre Cardin、Anne Klein、Versace、Calvin Klein、Donna Karan、Vera Wang等。

比较独特的是，不少国际奢侈品牌对于品牌授权不太“感冒”，尝试过一段时间的品牌授权后就退了回去，认为这降低了品牌在消费者心中的价值。之后他们虽然也少量做品牌授权，但在产品设计和价格上把控得极严。

4. 紧随其后的是体育授权，2019 年销售收入增长了 3.9%，达 289 亿美元。

体育授权是随着全球体育运动的兴盛“水涨船高”的，成为品牌授权的热门品类。能够进行体育授权的品牌很多，包括赛事、体育名人、体育用品等，如 NBA、NASCAR、Michael Jordan、NIKE、Arnold Palmer、Nautica。

比如上面提到的高尔夫运动服饰品牌 Arnold Palmer 就是美国高尔夫球名将 Arnold Palmer 于 1955 年创建的，产品包括女装、男装、高尔夫球服饰、包包等，以品牌纯正、做工精细、设计简洁、色调清新风靡全世界。

5. 其他授权门类有艺术授权、学院授权等。

比如“毕加索”画作瓷具，比如故宫博物院推出的一系列文创作品，这些都属于艺术授权。

比如牛津大学、剑桥大学等，因为本身名气很大，所以可以拿来授权，其道理与企业授权类似。再比如中国的北京大学、清华大学，也早早地进行了各种品类的商标注册，以保护品牌，同样也可以进行品牌授权。

获得品牌授权后，能够成为授权产品的种类相当多，包括服装、配饰、食品、鞋类、家居装饰品、礼品 / 创意文玩、保健/美容、家庭用品、音乐/视频、婴童产品、出版物、体育用品、纸制品/学生文具、玩具/游戏、软件/游戏，可以说覆盖了大众生活的方方面面。

目前，我国授权产品主要分布在13大品类，排在前四位的分别是：玩具游艺（17%）、服装配饰（15%）、食品饮料（12%）以及礼品纪念品（9%）。

相比之下，全世界品牌授权产品的种类排名有所不同，前四位分别是：服装（占15.1%）、玩具（占12.2%）、时尚配饰（占11.9%）、软件/电子游戏/App（8%）。从中我们能品味出中国授权市场的独特之处。

第二节
从品牌授权到授权经济

在西方，品牌授权已经存在了几百年，发展得十分成熟，渗透到社会的各个方面。而在中国，品牌授权正在快速发展，拥有巨大的发展空间，并将在可以预见的未来成为一股浪潮。并且，中国的品牌授权已经在模式上做出了新的突破（详见第二章第三节），让品牌授权的未来发展充满更多可能，“重新定义”着品牌授权。

至此，我们可以提出授权经济的概念。

授权经济是在互联网经济的推动下，围绕着品牌授权这个核心形成的一种经济形式，它涵盖授权品牌的创造、品牌授权的前中后期管理、授权衍生品的生产和销售、营销，是连通社会多个环节的成体系的经济形式，还包括由此形成的大众消费心理，以及在授权经济基础上衍生出更多新的行业分支，是一个系统的完整的体系。与单一的品牌授权相比，它的广度和深度都得到了拓展，发展空间也更大。

一个新理念的诞生，一个新模式的出现，都代表着未来的一片曙光，代表着未来的一种发展可能。如果拿一样事物与授权经济作参照物，我们觉得互联网非常合适。起初，互联网仅仅是用于通信，然后它开始应用于商业和娱乐、资讯，再后来，互联网电商出现了，大数据和人工智能出现了，新零售也出现了。这一切也不过用了 50 年。从零维的点到一维的线，再从二维的平面到三维的立体，互联网已经将全世界彻底改造了一遍，而且还在推动着全世界向前飞奔。

从品牌到品牌授权，再从品牌授权到授权经济，这是品牌的正常演化。品牌授权最先出现在欧美，而借助互联网发展速度的优势和强大的工业生产能力、完备的产业链以及无与伦比的效率，中国将在品牌授权上迈出更大的一步，进入授权经济时代。未来，大部分国家都将进入“大授权时代”，授权经济将成为国民经济的一个重要支柱。

为了更好地理解授权经济，这里介绍一个与品牌授权关系非常密切的名词：消费社会。

这个名词是法国哲学家、现代社会思想大师让·鲍德里亚提出的。50年前，他就敏锐地发觉了“消费社会”的突出表现：“今天，在我们的周围，存在着一种由不断增长的物、服务和物质财富所构成的惊人的消费和丰盛现象。它构成了人类自然环境中的一种根本变化。恰当地说，富裕的人们不再像过去那样受到人的包围，而是受到物的包围。”

可以说，“消费社会”重新定义了“消费”这个概念。它并不是一个单纯的混乱无序的物质丰盛现象，而是摆脱了简单的买和卖，构建了一个精密的体系。在这个体系中，商品不再是单纯地只提供了使用价值的物品，而是融合了品位、身份、文化和价值观于一身的综合体，它演化出各种符号，利用各种方式渗透进大众生活的各个方面，改变着大众的消费观念和习惯，引导大众进行各种浅层和深层的消费。

“消费社会”的进一步发展，便是消费主义。消费主义鼓励和诱导消费者疯狂地占有和挥霍财富，以最大限度地满足人们的感官需求，甚至给消费者洗脑，鼓励他们去消费那些超出消费能力的奢侈品和轻奢品，鼓励超前消费，以及制造潮流，引导他们去追捧各种昂贵的时尚潮流产品。在道德上，这是应该受到指责的，但我们不得不承认，这是当下商业发展的一大趋势。

“消费社会”里演化出来的各种符号便是品牌。相较于一般产品，品牌带给消费者的满足感要大得多，它不仅为消费者提供了自我满足感，也提供了体现社会身份的社会满足感。它被精密地设计出来，以迎合和引导消费者，不知不觉中塑造着消费者。品牌授权就是“消费社会”的重要一环，经由各种品牌授权，最终实现品牌在消费领域的延伸和覆盖。消费者慢慢习惯、接受品牌授权，最终视品牌授权为应然之物，这便是授权经济。

这里举一个很有代表性的例子，以便大家对“消费社会”中品牌的作用有更深一步的了解。

这个例子就是 Supreme 这个品牌。

它是 1994 年诞生于美国纽约曼哈顿的一个品牌，是结合滑板、Hip-hop 等文化并以滑板为主的美国街头服饰品牌，是纽约街头文化的代表，拥有相当一批忠实粉丝和狂热追随者。

Supreme的产品有衣服、滑板等，还经常跟一些品牌进行跨界授权合作，共同推出产品。与其他不同的是，Supreme的产品似乎不存在边界，推出过各种“不务正业”的产品：寿面碗、筷子、热水袋、烟灰缸、工地照明灯、灭火器、棒球棍、玩具喷水小手枪、透明锁，甚至还有砖头。是的，你没看错，就是印着Supreme标签的砖头，神奇的是，竟然同样受到抢购和收藏。这种砖头原价30美元，在eBay上竟然炒到了1000美元！

可以说，只有你想不到，没有 Supreme 做不到，似乎只要印上“Supreme”这几个字母，消费者就会买账，丝毫不在乎Supreme推出的到底是什么。并且，Supreme的产品都是定量发售，不会再次生产，要想买到就只能辛苦排长队（对于狂热粉丝来说，这样才能体现他们是Supreme的“真粉”），或者从“黄牛”手中购买。

Supreme何以能做到这种程度？是因为它把品牌玩到了极致，直接上升到了概念。简单来说，大多数品牌对于消费者的意义在于它代表了价值和品位，消费者用于定义自身价值，也就是用户购买之后感觉自己成为什么样的人，比如华为手机Mate40 Pro就一定比那些无名品牌手机质量更好，功能更强大，消费者购买后感觉自身的品位超出常人，所以它可以卖出高价。但是Supreme跳过了这一步，直接上升到了概念。它要传达的概念便是：Supreme体现的是反主流文化的与众不同的极致的酷。

在这个概念的加持下，载体是灭火器还是砖头都不重要了，重要的是它显现出来的品牌理念。变得“正常”，反倒会让Supreme丧失酷劲儿，褪去光环。

所以，在“消费社会”，你会看到各种用常理难以理解的创意和行为，背后主宰这一切的就是“消费社会”对“消费”的重新定义，“抛头露面”的就是大大小小的各种品牌。

通过上面提到的Supreme出品的各种“稀奇古怪”的产品，

以及在“序言”中讲过的优衣库UT品牌与街头潮流艺术家KAWS合作的T恤，我们会发现一个很突出的现象：品牌对于消费者的消费选择起了主要作用，产品质量已经不再是消费者选择产品时的前位考虑因素，因为产品之间的差异性已经趋于同质化，很多同类产品的质量已经做到非常接近，质量都达到了较高的水平。在这种情况下，品牌代表的首先是信任，其次是潮流，再次是品位，对于销售起着化腐朽为神奇的作用。

我们会看到，产品依然是那些产品，价格却扶摇直上。UT品牌与KAWS合作推出的T恤官方售价99元，很快就被抢购一空，在二手网站上能卖到三四百元，甚至被炒到1000元。如果没有UT和KAWS的图案、标签，相同品质的T恤在批发市场的价格在10元左右，甚至可以论斤称。它们能够“脱胎换骨”，是品牌“既依托于产品，又可以超脱产品”的特性起了作用，给了它们机会，赋予了产品更高的价值，这就是“品牌溢价”。

过去几十年，中国是世界品牌的代工厂，出技术，出材料，出人力，忍受着污染，赚取少得可怜的“加工费”，国外大牌只要出设计、贴个牌，借助品牌溢价，轻轻松松就拿走了利润的大头。在代工的过程中，中国企业积累了先进的设备、技术、管理和一定的研发能力，唯独缺少品牌。没有品牌溢价，产品就只能在低价区打转，无法实现跃升。

对于已经摆脱“低价低质”标签，正在努力向着产业链上游奋进的“制造大国”中国来说，对于拥有巨大产能，尚在同质产品海洋中惨烈厮杀却找不到出路的各家企业来说，授权经济都是一个新的视角，提供了一条新的探索之路。

第三节
授权经济简史

世界上最早的品牌授权已经很难考证了，其模糊起源大概可以追溯到中世纪的欧洲。18 世纪，两名英国贵妇人允许某化妆品制造商在其产品上使用她们的名字，作为授权使用的报酬，她们可以获得相应的销售分成。

对照品牌授权的定义，我们发现，它已经符合品牌授权的关键要素，可以看作世界上最早的品牌授权。而最早的品牌授权出现在英国绝非偶然，那时候，英国是资产阶级革命最先发生的国家，也是世界上最强大的资本主义国家。时至今日，英国已经从巅峰跌落，但它的品牌授权依然具有深厚的底蕴，远超欧洲其他国家，仅次于美国。

1893 年，英国的碧雅翠丝·波特小姐得知她的德语家庭教师有个长期卧病在床的5岁儿子诺埃尔，于是写信安慰这个可怜的孩子，讲述了一只淘气的兔子从麦格雷戈先生的菜园中逃脱的故事，以此鼓励他。这只淘气的兔子就是比得兔。

1901年，《比得兔的故事》出版，获得了始料未及的成功。聪明的波特小姐发现了比得兔隐藏的商机，亲自设计了比得兔的玩偶形象，授权了瓷器、婴幼儿用品等多种形式的周边产品，获得大笔收入。

新世界的大门就此打开。如今，比得兔的衍生产品已行销全世界超过60个国家和地区，从主题花园和花卉展览，到服装、玩具、婴儿护理用品、音乐剧、芭蕾舞、动画片、电视节目，都能见到比得兔的身影，授权品项数万个，成为一个生命力超级长久的授权品牌。

这之后，品牌授权的主要阵地转移到了美国。这也符合美国取代英国成为新的世界经济中心这个转移大趋势。20世纪60年代，日本经济开始腾飞，也相应地出现了品牌授权大爆发。同理，我们可以预测，随着中国经济多年持续发展，实力持续增强，品牌授权也会相应发展起来，这是经济社会发展的必然规律。

在美国，与比得兔同期出现的是泰迪熊，这是品牌授权历史上颇具传奇性的故事（关于泰迪熊的故事，会在第三章第二节中介绍）。

不过，这时候的品牌授权只是雏形，真正让品牌授权步入正轨要到20世纪二三十年代。

1926年，另一只著名的熊——“小熊维尼”诞生。最初，它是作为书中故事角色出现的，到了30年代初，一个精明的代理商斯蒂芬·斯勒辛格拿到了小熊维尼在美国和加拿大的品牌授权。围绕着小熊维尼，斯勒辛格进行了各种授权项目，竟然收入了5000万美元，创造了品牌授权的一个神话！时至今日，近百岁的小熊维尼依然在源源不断地创造着品牌授权价值。

图1-6 小熊维尼毛绒玩具

到 1928 年，“米老鼠”诞生了。这是真正具有全球影响的品牌，也是品牌授权历史上绕不过去的高峰。它的创造者是华特·迪士尼和乌布·伊沃克斯，但是让米老鼠源源不断地转化为金钱的，却是 1932 年加入迪士尼的凯·卡门。他的一番神奇操作，让他赢得了“现代授权之父”的名号。

到 1935 年，在他的运作下，“米老鼠”的授权项目已经接近 1000 种。

它是如此神奇，以至于让濒临破产的华伯特里钟表公司起死回生。原本奄奄一息的华伯特里钟表公司在获得米老鼠的授权后，仅仅是在怀表的背面加了一个米老鼠形象，便化腐朽为神奇。最多时，它在纽约梅西百货一天便销售出去了 1.1 万只，成功地避免了破产的命运。

2008年，《时代》杂志将“米老鼠”列为世界上最能被辨识的形象之一，其排名甚至超过了圣诞老人！这只80岁高龄的老鼠一直保持如此热度，一方面是它的形象讨喜，另一方面也是品牌授权与IP的互动，帮助米老鼠保持着热度（关于米老鼠如何诞生，以及迪士尼公司是如何运作米老鼠这个IP授权的，我们会在第四章第一节细讲）。

相比于比得兔的图书传播，电影的受众无疑要广得多，影响更大，这表示品牌授权就此迈入快速发展期。

20 世纪 30 年代，一批新的知名 IP 如雨后春笋般不断冒出，尤其是如今大火特火的漫威公司也是在 30 年代末成立的。它创造了一大批大众耳熟能详的形象，如蜘蛛侠、钢铁侠、X 战警、金刚狼、绿巨人、神奇四侠、美国队长等，漫威旗下拥有 5000 多个 IP，堪称一座无与伦比的 IP 宝库。

图 1–7 “超级英雄”漫画

DC 漫画公司的成立比漫威还要早几年，创建于 1934 年，主要 IP 有：超人、蝙蝠侠、神奇女侠、闪电侠、绿灯侠……

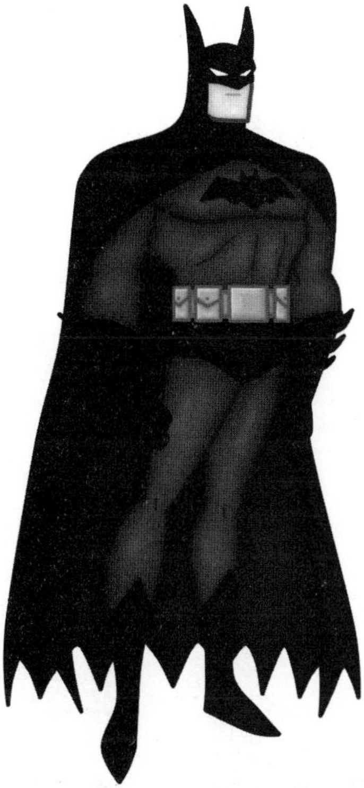

图 1–8　蝙蝠侠

图 1–9　超人

相应地，漫威和DC后来在品牌授权上的获利也是高得令人咂舌。

另一个需要注意的是，名人授权这时候出现了，让品牌授权的种类越来越广泛。当时著名的童星秀兰·邓波尔风靡一时，获得了奥斯卡金像奖特别奖。创意玩具公司抓住机会，取得秀兰·邓波尔的授权，开始生产秀兰·邓波尔娃娃。据说，邓波儿娃娃让创意玩具公司赚了4500万美元。

20世纪40年代，托马斯小火车出现了。不过它的命运比较坎坷，直到1979年才被挖掘出来，拍成热门电视剧。理所当然地，它的周边产品也跟着大火。

50年代，史努比、“007”、蓝精灵、帕丁顿熊、芭比娃娃诞生了。另外还有一个“摇滚之王”——猫王，他以及他的继承人将名人授权做到了新的高度，授权了各种衍生品。即使猫王已经去世30年，授权收入依然有2400万美元。而且，围绕着猫王的名字和他代表的摇滚反叛精神，相继诞生了很多品牌。

图 1-10　蓝精灵

图 1-11　猫王

图 1–12
带有“猫王”形象的吉他

20 世纪 60 年代，另一支音乐团队披头士乐队横空出世，相应的品牌授权也让他们赚得盆满钵满。

随着经济的崛起，品牌授权在日本开始出现爆发趋势，《面包超人》开启了日本品牌授权的序幕。1969 年，“机器猫”哆啦 A 梦横空出世，成为几代人童年的珍贵回忆，同时在品牌授权上，哆啦 A 梦一直是授权市场的宠儿，极受欢迎，经久不衰。

图 1–13 “钢铁侠”版哆啦 A 梦玩具

进入 20 世纪 70 年代，授权生命力同样持久的凯蒂猫在日本诞生。这个极其可爱的卡通形象收获了无数人的喜爱，推出的授权产品极受欢迎，每年都有 10 亿美元的授权收入。

图 1–14　凯蒂猫玩具

而在美国，《星球大战》、加菲猫也出场了。迄今为止，“星战”系列所有影片的总票房是 90 亿美元，周边产品累计收入却超过 300 亿美元！

80 年代，美国的知名 IP 授权有“E.T.”、忍者神龟、“神奇校车”、“辛普森一家”等。

这10年中，有两件值得特别关注的事：

第一，世界上第一次品牌授权展出现了，时间是在1981年，举办的地点并不“高大上”，是在纽约某酒店的地下室，规模同样不大，只有几十个小型展台，参加的人数不过1000人而已。但是，《道德经》有云：“天下难事必作于易，天下大事必作于细。是以圣人终不为大，故能成其大。”如今席卷全球的各种品牌授权展览，一个新产业的诞生，就是发端于这样一个不起眼的地下室。到2020年，美国的拉斯维加斯国际品牌授权展已经发展到会场面积4万平方米，超过5000个品牌参会，吸引了15000名买家。

世界各地的品牌授权展便是在1981年后发展起来的，逐渐遍地开花，有英国伦敦品牌授权展览会、德国LIMA品牌授权集市和品牌授权节、意大利博洛尼亚品牌授权展、中国香港国际品牌授权展、日本授权展、俄罗斯国际授权展、中国品牌授权展、印度品牌授权展、迪拜国际品牌授权展等一系列展览。

第二，品牌授权开始有了专业的组织。1985年，国际授权业协会（LIMA）成立，这是全球授权行业最具影响力与权威性的国际性非营利组织，有超过1200家企业会员。大批国际知名企业都是它的会员，例如迪士尼、时代华纳、可口可乐、全球音乐电视台、美泰、索尼等。

1989年，国际授权业协会评出了第一届年度最有影响力的品牌：加州葡萄干。此后，每年都会评出一系列相应奖项，被称为品牌授权界的“奥斯卡”。

20世纪80年代，中国也曾出现一系列知名动漫IP，如《黑猫警长》《葫芦兄弟》等，可惜的是，这些IP当时并没有向品牌授权方向发展，白白浪费了这些IP宝藏。

时间进入90年代，国外又有一系列著名IP脱颖而出。

在日本，出现了皮卡丘及《灌篮高手》《海贼王》《火影忍者》《美少女战士》等。

图1–15 皮卡丘

图1–16 皮卡丘玩具

在美国，有《海绵宝宝》，好评如潮。它的周边产品销售非常强劲。

英国出现了“天线宝宝”和《哈利·波特》。《哈利·波特》产生了世界级的影响，让我们看到了英国这个老牌资本主义国家的深厚底蕴。

图 1–17 《哈利·波特》小说

在中国，海尔集团首开先河，投资开发了一部《海尔兄弟》，融冒险与知识科普于一体，极受欢迎，同时，海尔的品牌形象也更加深入人心。这是中国品牌授权模式创新的重要一步（后来，学习《海尔兄弟》这套操作的还有很多：“三只松鼠”做了《三只松鼠》动画，小王子推出了《小王子与土豆仔》动画，特步儿童推出了《梦想总动员》，可儿娃娃推出了

《东方可儿之摩登学园》，同样做干果的来伊份也推出了《超级伊仔》，等等）。

进入 21 世纪，漫威开始发掘他们的 IP 宝库。从 2008 年第一部《钢铁侠》开始，漫威有计划地构建漫威电影宇宙（MCU）。到 2020 年，漫威电影的全球总票房累计已经超过 200 亿美元！

DC 漫画公司的影视之路比漫威要早得多，1978 年就推出了第一部《超人》电影；1989 年，《蝙蝠侠》系列电影开始搬上大荧幕。

这两座双峰对立的漫画、影视公司在授权衍生品上也是做得风生水起。2019 年，北美的衍生品销售 Top 100 中，漫威的 IP 衍生品有 47 个，DC 漫画公司有 33 个，合计占比高达 80%！谁能想到近百年前的一系列漫画 IP，如今会化作源源不断的金钱，成就漫威和 DC 漫画公司的 IP 帝国呢。

在英国，像《哈利·波特》一样，2004年出现了一个爆品《小猪佩奇》，再次风靡全世界。

在21世纪初，国产动漫开始崛起，如《蓝猫淘气三千问》《喜羊羊与灰太狼》《熊出没》《大圣归来》《哪吒之魔童降世》等，改变了国外IP一统国内动漫衍生品的格局。中国的品牌授权开始发力追赶，风生水起，与西方发达国家的差距在不断缩小。一方面，产业规模越来越大，类型逐渐从电影动漫板块向着其他板块延伸，名人授权、艺术授权、体育授权等都进入了品牌授权的行列，“家族”不断壮大；另一方面，品牌授权越来越规范，对于知识产权的重视度越来越高，展示了辽阔而美好的未来。

肇始于100多年前的“比得兔”，品牌授权从幼年走到成年，终于绘就了蓬勃发展的品牌授权全球版图，塑造出了授权经济这一新生事物，其趋势不可阻挡。

第二章

授权经济的强大之处

第一节
忽如一夜春风来——IP 的火爆如何带动品牌授权爆发

2018 年，中国授权业大奖（China Licensing Awards）获奖名单中，最醒目的“年度中国 IP”是“吾皇万睡”。没想到，2019 年的“年度中国 IP”大奖的获得者依然是“吾皇万睡”。

这是一个具有鲜明年轻人属性的高成长性的 IP。傲娇，霸气，一对三白眼，一顶朝冠，永远半睁双眼，傲娇地睥睨一切，外冷内热，喜欢“虐”主人，这就是“吾皇”这只猫身上的标签。

漫画作者白茶在画“吾皇”之前，已经画过很多只猫，但都没有独特的形象，当然也就没有独特的内容。白茶的父亲劝他放弃创作，去做个美术老师，直到白茶收养了一只流浪猫，才给他带来灵感。2015 年初，“吾皇”漫画在网上登出，很快获得了无数人的喜爱。

网友在漫画下留言:“给吾皇跪了。”于是这只猫就有了“吾皇”这个霸气的名字。

“吾皇”，再加上一只蠢萌、乖巧、愿意被“虐”的受气包狗“巴扎黑”，一个穿着拖鞋裤衩、经常被“吾皇”无视的宅男“少年”，以及“老爹”，吐槽生活，共同成长。用作者白茶的话说：“现在年轻人压力大，需要独特的解压方式，伴侣宠物能解决他们的心灵需求。”“吾皇”+“巴扎黑”+“少年”+“老爹”，非常契合当下爱猫吸猫族甘愿被猫小小地“虐”一下的心态，作为他们在喧嚣却又孤寂的城市生活中的慰藉。

2016、2017 年，“吾皇万睡”连续两年被评为“淘宝原创十大 IP”。到 2020 年，“吾皇万睡”的线上粉丝超过 2000 万，《就喜欢你看不惯我又干不掉我的样子》系列绘本销量超过 500 万册！

要把这个 IP 不断推进，就要赋予这个 IP 故事性、价值观和丰满的内容体系，于是作者白茶又增加了哈士奇“牛能”、小黑猫“人中”、一只名叫“翅中”的小鸟，变成了一个“吾皇”大家族，开始构建“吾皇世界”，有声动画和大电影也提上了日程。

有了梧桐树，自然能招来金凤凰。广告收入，授权 IP 形象，周边产品，“吾皇万睡”的扩展途径与其他 IP 套路差不多。不过“吾皇万睡”版权所有者一间宇宙（北京）文化有限公司很有长远规划，坚决顶住了各种诱惑，不肯揠苗助长，耐心培养着IP，把营销排在内容之后，希望它具有长久生命力和商业价值。为此，一间宇宙一直不肯接受融资，在授权上强调“品牌调性”，在调性相符的前提下，对合作始终保持开放的态度。

2017年，“吾皇万睡”与中粮集团朝阳大悦城合作，进行了一个月的主题展览，引爆线上线下，达到双赢：朝阳大悦城客流同比提升了11.8%，卖出周边产品约100万元；“吾皇万睡”从二次元线上走到了线下，实现了“接触—购买—分享”的闭环；官方微信则增加了5万粉丝，增加了品牌的曝光度——这是品牌可长期发展的主要方式之一。

随后，在上海、成都、天津、沈阳等地，这个展览在长达200天的全国巡展时间里，吸引了数百万人亲身体验。

2018年，“吾皇万睡”线下主题巡展继续开展，这次的合作对象换成了万象城集团。

伊利谷粒多“吾皇万睡”合作，推出“吾皇万睡”限量包装，在天猫超市亮相仅3天，就被迅速抢光，相对日常销售暴增500%！

2018年，“吾皇万睡”携手运动应用Keep，推出“燃脂跑趣味彩蛋课程”。跑步者将扮演遛狗官，在“吾皇”的指导下，一边跑步一边完成“帮巴扎黑减肥”的任务。“吾皇”和“巴扎黑”在线上陪着大家一起跑步，将枯燥单调的运动变得有趣，结果大受欢迎。官方数据称，课程上线当日参与人数便突破了5万人次，甚至有许多网友表示为此次活动而下载Keep。

2020年1月，英伦奢侈品品牌Burberry携手“吾皇万睡”，策划了一次新春跨界营销活动，反响极好。这也是Burberry首次与中国原创IP联名合作。

目前，关于“吾皇万睡”的品牌授权已逾100家，营收数千万元，“吾皇”的SKU（即库存进出计量的基本单元。对于商品而言，当规格、颜色、款式等属性均一样时，可称之为一个单品，即一个SKU。SKU的多少反映了该IP的衍生商品品类的多少）约200。在“吾皇万睡”的官方淘宝店里，可以找到各种极具特色的衍生品，比如印有“吾皇”经典语录的手机壳，各种可爱形象的公仔、折扇、个性T恤等。其中最热销的是钥匙扣和抱枕。

“吾皇万睡”合作过的企业，可以列出很长一串，光是世界500强企业就有30多家，包括华为、微软、丰田、大众、松下、伊利、中国邮政，以及海尔、小米、奥迪、拜耳、肯德基、大众、联合利华、德克士、凡士林等各大品牌，遍布互联网平台、电商平台、热门应用、大型商业中心、汽车、服饰、餐饮、时尚等多个行业及品类。

之所以把“吾皇万睡”这个IP讲得如此详细，是因为它向我们很好地展示了一个动漫IP是如何偶然靠一个灵感被创造出来，迅速走红，然后进行品牌授权及其取得惊人的效果。

这就是品牌授权的神奇之处，只要拥有一个优秀的 IP，便可以围绕这个 IP 迅速衍生出各种畅销衍生品，进行各种商业合作，几乎一夜之间迅速成功。

迪士尼的米老鼠也是如此偶然创造出来，迅速风靡全世界的。华特·迪士尼高兴地说，迪士尼公司迅速出售其商品赚的钱，要比创作动画片所获得的还多。

《哈利·波特》是作者 J.K. 罗琳坐火车时看着窗外的突然灵感。从 1996 年第一部《哈利·波特》面世至 2011 年第七部出版，《哈利·波特》系列小说的全版权产业链总产值已超过 220 亿美元，其中 116 亿美元来自主题公园、饮食和服饰等衍生品领域，占比超过一半！

"小黄人"原本是在电影中做"群演"的，没想到比主角还受欢迎，转而成为主角。2015 年，小黄人衍生品销售额达到了 11.6 亿美元，比《神偷奶爸 3》全球总票房 10.3 亿美元还多出 1.3 亿美元！

相比之下，传统行业基本没有企业可以实现如此快速的成长。

图 2-1 小黄人玩具

同时，“吾皇万睡”还向我们展示了一个动漫IP应该如何进行适度授权，在IP开发和品牌授权上找到比较好的平衡点，让“吾皇万睡”这个IP可以源源不断地创作下去，持续地输出，相应的品牌授权也可以持续进行下去。这是一个很好的范例，值得中国的品牌授权业内人士借鉴。

第二节
一鱼多吃——授权方何以选择做品牌授权

从授权经济简史，我们看到了授权经济的大趋势，那就是品牌越来越多，授权行为越来越多，授权品类越来越广，直至渗透进大众生活的方方面面，裹挟着大众前行。

对于授权经济来说，最大的吸引力便是品牌方凭借品牌便可以轻松日进斗金，而品牌方不需要投入厂房、设备、办公、库存、人员等巨大成本，基本只需要做好授权产品的品控，按照已有经验，对被授权商进行培训和引导，而不需要付出很多额外的精力来处理授权业务，因此可以把大部分精力用于品牌的研发。也就是说，通过品牌授权，授权商不需要投入各种成本，便有人帮忙开拓新的市场领域，最终形成一个商业生态系统。

什么是商业生态系统呢？就是由组织和个人组成的经济联

合体，它包括核心企业、消费者、市场中介、供应商、风险承担者等，在一定程度上还包括竞争者。它们之间构成了价值链，不同的链之间相互交织，形成了价值网，物质、能量和信息等通过价值网在联合体成员间流动和循环。与惯常我们认为的你死我活的残酷商业竞争不同的是，价值链上各环节之间不是“吃”与“被吃”的关系，而是价值或利益交换的关系，它们更像是共生关系，组成了一个商业生态系统，最终实现共同进化。

其实在大自然中，早就有类似的“生物生态系统”。小丑鱼与海葵，鰕虎鱼与枪虾，鸻鸟与鳄鱼，响蜜䴕与蜜獾，白鹭与野牛，红嘴牛椋鸟与斑马，它们在物种上八竿子打不着，却奇特地形成了互利共生关系，双方关系默契，各得其所。

相比于恐怖惨烈的寄生，双方都受损的竞争共生，以及一方受损而另一方无利亦无害的偏害共生，一方受益而另一方无利亦无害的偏益共生，互利共生简直就是大自然完美的杰作。

商业生态系统为我们展示了商业活动的另一面：与无处不在的竞争同时存在的是无处不在的合作。授权经济便是这个理论的极好注脚。

在过去的几百年中，品牌给授权商带来了主业之外的源源不断的收入。品牌授权意味着品牌的有效延伸，不用投入厂房、设备、办公、库存、人员等就可以进入一个新的市场，被更多的消费者认知、认同。授权经济代表的是万物联通，它让品牌摆脱了产品的物理束缚，如同被吹散的蒲公英，拥有了独立的生命，可以在周边，也可以在很远的地方扎根，最终形成了一个“中心—边缘”的结构。“中心”是品牌，“边缘”便是授权品牌，“中心”牵引着“边缘”，而“边缘”拱卫着“中心”，最终形成一个品牌生态圈。

同时，品牌授权让被授权商跨越了技术的天堑，降低了产品研发的成本，跨越了原始市场的艰辛培育，直接拥有了一把财富的金钥匙。对于授权商和被授权商来说，这是一个皆大欢喜的双赢局面。

尤其对于那些历史悠久的 IP，授权经济更是 IP 延续生命的重要手段，没有授权经济，这些 IP 早已成为历史的故纸堆，被世人遗忘。这种情况下，品牌授权不再单纯是 IP 的附属和补充，而是重要的载体，让品牌拥有了超出产品生命周期几十年甚至百年的生命。

比如大家熟知的米老鼠，它的诞生是在将近 100 年前，如今米老鼠的动漫早已基本停止制作，而它的品牌授权依然进行得如火如荼，持续为迪士尼创造着价值。

又如诞生于 20 世纪 50 年代的史努比，在作者 50 年创作中，共有 75 个国家的 3 亿读者，成为世界级别的知名 IP。带给作者查尔斯·舒尔茨财富的绝不仅仅是漫画稿费，更多的是史努比的品牌授权。2002 年，作者已经去世两年，全球依然有 2 万种史努比的授权产品，利润高达 11 亿美元。2017 年，史努比的版权被加拿大 DHX Media 公司购得。2018 年，史努比的品牌授权就卖出了 16.6 亿美元！

图 2–2　圣诞树旁的史努比

图 2–3　感恩节游行中的史努比

可以说，这些 IP 都是会生金蛋的母鸡，并且将继续生下去。

这给很多人打开了一扇新的大门，原来生意还可以这样做。

其实，很多人对于商品的认识是很肤浅的，在他们看来，买卖就是简单的一次性的买和卖，压根儿没想到商品的价值绝不仅于此。

也就是说，聪明的人做到了“一鱼多吃”，品牌授权便是其中之一。

近些年来，常见的强势品牌方跟弱势被授权方合作的模式再次被突破，出现了强势授权方与强势被授权方合作的模式，也就是两个 IP 强强联合，实现了 1+1>2 的效果。

2018 年，可爱多与动漫 IP《魔道祖师》的合作，就是两个热门 IP 授权合作的极佳范例。

改编为动漫前，小说《魔道祖师》在晋江文学网就是一个大 IP，热度持续居高不下。

在腾讯的精心制作下，《魔道祖师》动画第一季《前尘篇》豆瓣评分达到 8.9 分，独家播出平台腾讯视频点击量超过 15 亿次，并斩获了第 15 届动漫金龙奖“最佳系列动画金奖”、“新光奖”中国西安第七届国际原创动漫大赛“最佳新锐动漫奖”。可以说，这是一部少有的现象级的动漫。

经过授权，动画即将开播时，可爱多发布了“五大男神，五种口味冰激凌”，将动画五位人气角色魏无羡、蓝忘机、蓝曦臣、金凌和江澄分别与可爱多的五款口味相对应，还设计了角色专属包装。一经推出，这五款口味便被粉丝们疯狂抢购。

截至 2018 年 7 月 26 日，“可爱多魔道祖师”微博话题阅读量高达 7713 万，讨论 8 万;《魔道祖师》动画刚刚播到第 4 集，可爱多魔道冰激凌销量已升至 2.4 亿。

可爱多与魔道祖师的品牌合作营销，实现了国漫内容、用户、品牌间三方的无限循环。线上带动线下销量，线下又反哺线上热度，形成完整营销闭环，成功实现了国创 IP 和品牌方的深度互动连接。

可爱多与《魔道祖师》IP 联合后销量大增并不是特例。再比如，我们在序言中提到的优衣库 UT 与各种 IP 的合作，也是 IP 强强合作，成功实现了 1+1>2 的效果。

这就是授权经济的强大功效。

第三节

品牌授权 2.0——“南极人”启示录

在序言中，我们提到南极人的品牌授权已经在欧美日品牌授权的模式基础上实现了升级，品牌授权与互联网浪潮深度融合，让品牌授权升级到了品牌授权 2.0。这是一个值得大书特书的案例，一定会让你大受启发。

当下，大众对于南极人的印象主要有两点：第一，它是一个在互联网电商上“百货商场”般的知名品牌，从保暖内衣、童装、家居服、零食、甩脂机，到床垫、按摩仪、纸尿裤、汽车用品、玻璃杯、足浴盆，应有尽有。第二，作为一个知名品牌，它的整体价格不贵，不过质量方面就有些参差不齐，总体来说是中等偏上。

但是，大众往往不知道的是，如今的南极人早已不是最初的南极人，消费者买到的南极人基本不是南极人公司生产出来的，而是品牌授权生产，它采用品牌授权模式已经有 12 年了。

时间倒回 1997 年，这一年，一个新的概念——保暖内衣在中国市场出现了。这个概念是上海人俞兆林创办的上海兆林实业有限公司推出的，以既薄又暖的显著特点受到消费者欢迎，当年就销售了 28 万套。

1998 年，南极人创立，创始人是张玉祥。这是一个胆大心细、特别善于观察和总结的精明商人，用经销商提前付款的方式凑到了 300 万元，4 个月下来销售过亿。

到了 1999 年，保暖内衣市场进入暴利的快速成长期，众多厂家蜂拥而上，都想分一杯羹。新生的保暖内衣市场被残酷的价格竞争搅得一团糟，“暴利时代”短短一两年就结束了。

这时候，张玉祥已经盯上了羽绒服市场，经过考察和分析，提出了“都市羽绒服”的新概念，欲与行业老大波司登一争高下。这段时间里，南极人不惜重金，聘请多位知名服装设计师参与设计，并选用国际大牌辅料如杜邦防漏绒胆、日韩面料、日本 YKK 拉链，还请来葛优代言。于是到年底，南极人羽绒服就冲到了行业第二。从这里看，南极人走的路子跟当年优衣库是一样的。

之后，张玉祥又请了很多明星来做代言，在央视等主流媒体砸下巨额广告费用，打出了全国知名度，让很多人记住了“南极人”这个民族品牌。大众对于南极人“国民品牌”的印象基本上就是在这个时期形成的，并随着年龄的增长延续至今。

时间进入 2008 年，就像很多中国企业一样，南极人也面临国际金融危机带来的困境，显露颓势。张玉祥毅然决定转型，陆续关闭工厂，砍掉经销商，以极大的魄力，全力拥抱新生的互联网电商，启动品牌授权模式。

2012 年，南极人彻底放弃线下实体零售渠道，开启了南极共同体商业模式，做起了产品生态链。

2015 年，“南极人”改名为“南极电商”，同年上市。

2016 年，收购卡帝乐鳄鱼和经典泰迪，以及靠韩国美妆天后 PONY 人气带动的同名品牌。

2017 年，收购北京时间互联网络科技有限公司。

从2008年转型到2020年，12年过去了，砍掉了“四肢”——工厂和经销商的南极人品牌授权做得怎么样呢？

八个字：巨大成功，极大隐忧。

巨大成功首先体现在业绩报表上。

2016 年，营收 5.2 亿元，品牌授权相关收入 4.6 亿元，占比 88.5%。

2017 年，营收 9.9 亿元，品牌授权相关收入 6.3 亿元，占比 63.6%。

2018 年，营收 33.5 亿元，品牌授权相关收入 9.3 亿元，占比 27.8%。

2019 年，营收 39.1 亿元，品牌授权相关收入 13 亿元，占比 33.2%。

这几年，南极人的营收增长了 651.9%，品牌授权及相关服务的收入增长了 182.6%！ 2019 年，南极人的品牌授权毛利率高达 93%！这是一个令人吃惊的数字（2018、2019 年营收大增，收购的“时间互联”作出了主要贡献）。

其次，体现在它的市场占有率上。

砍掉了“四肢”，南极人的业绩却连年增长，在中国电商渠道不少品类销售排名都是第一。比如 2019 年其内衣家居服品类在阿里平台成交额同比增长 39.47%，市场占有率排名行业第一。不仅如此，在每日经济新闻美好商业研究中心发布的《美好生活 2019 中国消费者品牌榜》中，南极人位居“服饰百货”子项品牌榜第二，排在第一位的是阿玛尼，第三位是波司登。

再次，体现在南极人的品牌授权店的抢手程度。

2015 年 3 月 31 日之后，北极绒、恒源祥、南极人等品牌的天猫店达到饱和，想要开店就只能用置换的方式，也就是说关一家旧店才能开一家新店，或者从别的经销商手中收购。根据《南方周末》2018 年的报道，一家普通的南极人男装专卖店价格已经涨到了 150 万—200 万元！

又次，体现在授权规模上。

2017 年，全品牌授权生产商 846 家，授权经销商 3427 家，授权店铺 4442 家。

2018 年，全品牌授权生产商 866 家，授权经销商 4186 家，授权店铺 5535 家。

2019 年，全品牌授权生产商 1113 家，授权经销商 4513 家，授权店铺 5800 家。

最后，我们可以把视野拉大一些，看一下当年的和南极人一起并称“四大国民品牌”的恒源祥、北极绒、俞兆林三个品牌如今在做什么。

恒源祥做品牌授权其实比南极人早很多，最早可以追溯到 1991 年，是中国品牌授权界的老前辈，南极人其实是踩着恒源祥的脚印前进的。但是恒源祥的步子比南极人小，品牌授权费用收得更高，对于品牌授权的品控做得比南极人要好很多，在产品售价上也普遍比南极人高。

俞兆林和北极绒同样走上了品牌授权的路子，只是“盘子”做得没有南极人那么大。

其实，不光是这“四大国民品牌”，相当一批国民品牌或多或少、或早或晚都走上了品牌授权的路子，例如雅鹿、回力、富贵鸟、红豆等。还有一些品牌先是猛烈扩充门店，然后在互联网电商的竞争中不断萎缩，大量关闭门店，陷入困顿。相比之下，南极人的及早转型可谓慧眼独具。

同样是转型，为什么南极人的品牌授权能做得这么成功？

如果仅仅是把南极人的成功归结于“卖吊牌，吃老本”，当然是说不通的，而且太小看南极人，也太小看品牌授权这种新模式了。

按南极人官网的说法，南极人的主营业务是“品牌授权及综合服务”，包括：“品牌综合服务及经销商品牌授权服务即公司向授权供应商、经销商提供品牌授权及综合服务，分别收取品牌综合服务费、经销商品牌授权费。公司根据授权供应商、授权经销商需求及业务发展需要向其提供资源整合、数据赋能、研发设计、质量管理、流量管理多项有效的服务，提升合作伙伴的经营能力和盈利水平。”

注意看一下，你会发现它的介绍比一般品牌授权业务要多，而多出来的这一部分就是南极人把品牌授权做成品牌授权 2.0 的地方。

2012 年，南极人彻底放弃线下实体零售渠道的时候，确立了新的定位：成为一家电商服务型企业，为供应商和经销商提供一站式生态综合服务。就供应商而言，可以从南极人方面得到产品研发设计、工艺品质管控、生产计划优化、质量控制、供应链培训等服务，经销商则可以获得诸如店铺设计、线上代运营、视觉展示、流量推广、用户体验、活动策划及客户关系管理等服务。

张玉祥把它解释为:“当别人在卖产品的时候,我们卖品牌;当别人卖品牌的时候，我们卖服务。”

一语道破了南极人这些年来的成功秘诀。

我们将其细化一下。

在转型品牌授权方面，南极人算是比较早的，这就有了时间和机会的优势,先到先得,这一点很重要。在目标消费者方面,南极人其实是放低了身段，盯住了低收入人群的消费需求。

一个人对于社会的理解高度，决定了他的成功高度，而一个商人对于消费者需要的理解高度，决定了他的成功高度。

南极人对于低收入人群的消费需求理解得特别到位。低收入人群对于产品的要求其实很简单，就是能满足基本需求，是不是品牌不重要，当然，如果能用较少的钱买到品牌，那就再好不过了。所以，在市场竞争上，南极人其实是用品牌“降维打击”，用低于同行的价格，以极致的性价比杀入这部分市场，挤压的是那些白牌产品（白牌主要指的是那些名气很小的自创品牌，但是质量往往并不差。也有把山寨产品称为白牌的）。

南极人把品牌授权与互联网进行了深度融合，吃到了互联网早期的红利，而到了近七八年，又掌控了流量入口。这是南极人能把品牌授权玩得风生水起的关键因素。

我们在后面一章会讲到中国品牌时代经历的三个阶段，1997年和2008年是其两个分水岭。这中间，其实穿插了一个互联网品牌化过程。在线下产品已经向品牌化迈进的过程中，互联网时代因为开辟了新的阵地（以淘宝为代表），给了那些普通品牌和无品牌产品一个再次崛起的机会，产品的竞争在这块新的阵地上短暂存续了一段时间。一些有眼光的人抓住了电商初期野蛮生长的机会，做到了线下无法实现的事情，成就了一批互联网品牌。比如“三只松鼠”抓住了互联网的风口期，解决了互联网消费人群的消费痛点，找到了一个新模式，4年销售额超100亿元，让“三只松鼠”成为名副其实的互联网第一坚果品牌。

但是没过几年，淘宝开始向天猫分化和转型，资源向天猫倾斜，各种线下知名品牌也进军线上，快速抢占位置和流量，互联网品牌竞争时代也到来了。从 2013 年开始，天猫店铺采用邀请制，申请渠道收窄，这就闭合了普通品牌和无品牌产品在电商跃升的大门。那些无品牌电商要想在天猫继续生存，就必须拿到品牌电商的“牌照”，这极大地利好以南极人为代表的品牌授权商，南极人在这个阶段开始了飞速发展，速度远超恒源祥、北极绒和俞兆林。

规模做大之后，规模效应就出现了。南极人占据了保暖内衣的流量入口，并开始扩充到其他品类，如家纺市场（按照南极人的品牌授权规则，如果被授权商愿意开辟新类目，授权价格还能优惠，以此鼓励被授权商替南极人“攻城略地”。南极人无所不包的“南极人宇宙”就是这样步步为营打造出来的）。在营销上，存在即是被感知，如果没有被顾客感知到，那么实际上就是不存在。在南极人的“降维打击”下，白牌产品基本无法被顾客感知到，没有了出头的可能，在价格竞争上也无法与南极人争长短，要么退避三舍，要么放弃自身品牌，“投靠”南极人。

不过，单纯的降维打击并不能让南极人“独步武林”十几年。在服务上玩出了新高度，这才是南极人成功的核心秘诀，也是品牌授权 2.0 的真正秘密。

南极人在服务上的新高度就是利用互联网大数据，解决供应商和被授权商信息不全、缺乏操作经验等痛点，并利用自身“盘子大”的优势，从阿里巴巴获得更多资源，将这些资源分配给各个被授权商。这就让南极人的授权产品具备了同类产品更大的竞争力，带来了更大的销量和利润。

在庞大的供应商和被授权商中，南极人可以“坐等”竞争的优胜者，挑选出头部供应商和被授权商，优化产业链，把资源向头部供应商和被授权商倾斜。那些在竞争中落败的供应商和被授权商只能黯然离场。

这个操作，南极人从两三年前就开始了，这也把南极人的品牌授权带入了新的发展空间。就像我们在序言中写的，只有在互联网发展领先于世界，以及具备强大的工业生产能力、完备的产业链和无与伦比的效率的中国，品牌授权 2.0 才能诞生并发展下去，并为中国的授权经济开辟新的市场。

靠着这种新玩法，2020 年，张玉祥以 66.8 亿元财富位列《2020 新财富 500 富人榜》第 475 位！

第三章

借船过海——被授权商拥抱授权经济

第一节
多且贵——品牌授权最受欢迎的地方

授权经济能满足消费者最根本的需求是什么呢？是大众对于品牌的追求和满足，是对于品牌质量的放心，是时间成本和机会成本的降低。

品牌授权为何受被授权商欢迎？

最核心的答案就是：赚钱。相比普通产品，它不仅卖得多，还能卖得贵！

在授权品牌的加持下，授权产品出场便自带品牌光环，比普通产品具有先天的优势，自然会带来销量的提升。哪怕价格高昂，消费者依然愿意接受。对待同类产品，在有无品牌授权形象上，消费者普遍能接受授权产品比同类产品价格高。

2018 年，《南方周末》针对南极人、恒源祥、北极绒和俞兆林这四家“授权大户”做过专题报道，里面列举了两个真实的例子：

> 张家超在广东经营一家服装家族企业，他并不懂电商，所有的运营都由弟弟张家坤负责。经营了五年自主品牌的旗舰店，2018 年双十一期间，他们的自主品牌也打入过同类目排行的前十五名。即便如此，他仍然选择加入南极人。
>
> 他们生产的牛仔裤，在自家的天猫旗舰店两件售价 79 元。但挂上南极人吊牌后，在南极人专卖店两条售价 129 元。除去 8 元标费，多了 42 元利润。
>
> 家纺行业也是如此。一款名为“晚安”的四件套，南通叠石桥市场拿货价是98元，没有吊牌零售156元，贴上恒源祥商标后就能涨到 238 元。

这只是授权品牌“贵”的两个例子，这样的例子我们能找出很多，数不胜数。

统计数据是最好的证明。根据阿里鱼发布的《2020 天猫“双 11”IP 电商指数报告》显示，2020 年“双 11”期间，IP 授权商品销售额同比增长 76%，几乎达到同期总成交额 26% 增长率的 3 倍。销售 IP 授权商品的商家数增长 21%，IP 授权商品购买人数增长 28%，IP 授权商品款数增长 15%。

而根据《2020 年中国品牌授权行业发展白皮书》，相比没有 IP 的同类产品，授权产品的销售额均有不同程度的增长，其中 34% 的授权产品带动消费额增长 20%—49%，16% 的授权产品带动消费额增长 50%—99%，更有 16% 的授权产品带动消费额增长一倍以上！

至于价格，有 86% 的授权产品比同类产品价格要高，其中 54% 的消费者实际购买的授权产品比同类产品价格要高一半以上。

是不是很让人吃惊，消费者何以乐于接受这种价格上的差异？

这个问题的答案需要从中国品牌时代的到来说起。

当今世界，大部分国家，包括中国，都已经度过产品竞争阶段，进入了品牌竞争阶段，也就是从产品时代向品牌时代的跃升。

在中国，这个过程大体经历了以下三个阶段：

1. 从 20 世纪 80 年代到 90 年代后期，中国尚处于短缺经济阶段。借助庞大的国内外市场，利用巨大的人口红利，民营企业开始了野蛮生长。这个阶段基本是卖方市场，产品只要生产出来便不愁卖，品牌并不那么重要，解决的是“吃饱”问题，品牌授权基本不可能发展起来，只有少数外国知名品牌在中国做品牌授权，本土的品牌授权几乎为零。

2. 1997 年，这是一个标志性的时间节点，中国延续了几十年的短缺经济基本结束，大部分消费品出现供过于求，买方市场开始形成，解决的是“吃好”问题。平均利润率的降低和分化的加剧逼迫着企业不得不走上品牌化道路，中国就此进入品牌时代。

3. 2008 年，世界金融危机袭来，中国持续了 20 多年的外贸代工模式也开始衰微，在资本逐利的驱动下，代工生产开始转向东南亚和中国中西部地区。

压力之下，“中国制造”崛起，从之前的劳动密集型向知识、技术密集型转变，国产品牌开始发力，逐渐改变了大众对于中国品牌的低端印象，外国品牌逐渐败退。

随着中国 2010 年 GDP 超过日本，正式成为世界第二大经济体，并且稳步向着第一大经济体迈进，中国的必然发展趋势是从产业的中下游向中上游迈进，放弃利润微薄的代工模式，转为利润更高的品牌模式，并在中国市场和国际市场上与世界各国品牌一较高下。

2018 年初，企鹅智酷发布了中国品牌影响力指数报告——《全球品牌（部分）中国网络影响力排行榜》，这里面有一组令人欣喜的数据：在中国消费者心目中，中国品牌最值得信赖，最具独特性，排在第二、三位的是德国和美国。如果不考虑价格和购买便利性，最想购买国家的品牌方面，中国品牌依然排在第一位，再次压德国和美国一头。这表明“中国制造”已经基本摆脱了“中国制造 = 低端制造”的印象，成为大众消费的首选。

新技术和新创意不断造就出新的产品、服务和品牌，中国的大众消费开始进入个性化消费阶段，品牌在大众生活中的比重更大了。

有人可能会有疑问：工业化生产最终带来的不应该是标准化吗？

其实不是的。考察商品市场的规律，我们会发现一条“三阶段”的规律：野草化→标准化→个性化。

大家可以用这个公式去套市场上的产品，看它是处在哪个阶段。

标准化向个性化的推进是不可避免的吗？我们可以非常确定地给出答案：不可避免。

这个问题我们必须将它放在大的历史时段考察，才能把握住它的本质，让你拥有一眼看穿百年历史大趋势的眼光。

在 20 世纪 70 年代前，世界产品的主流是标准化，代表就是美国的福特制。这个福特就是美国福特汽车的创始人亨利·福特，他在20世纪初提出了这样一种经营理念：批量生产适合大众市场的、价格低廉并且工人都能够买得起的汽车。于是他把流水线理念引进了汽车制造流程，终于大批量地制造出了普通工人都能消费得起的福特汽车，这就是标准化生产。福特的理念被商业界奉为圭臬，纷纷效仿。但是这样做的代价是过于标准化，街上跑来跑去的都是"撞脸"的汽车，单调乏味得很。

70年代后，大众消费者终于厌弃了汽车的"傻大黑粗"标准化，"标准和规模"的追求逐渐被"个性和精致"所代替。这个理念的变化不仅出现在汽车行业，更是大众消费心态的普遍转变，是一道明显的分水岭。

这之后，以乔布斯为代表的走"个性化路线"的创新者才算是有了适合的成长土壤。

美国社会经历了长期的标准工业化时代，人们在思想上很容易接受标准化的流程。虽然这个理念在70年代开始扭转，但依然有强大的标准化习惯。而在中国，标准化阶段虽然也有，但并不明显，往往被中国人"百花齐放才是春"的观点冲击得七零八落。也就是说，在中国，标准化往往是弱于多样化的。

举一个简单的例子就能明白中国人的这个特性。

麦当劳、肯德基发源于美国，是全世界快餐的代表，但是到了中国，却不得不"入乡随俗"，对原来的食谱进行本土化改造，肯德基开发出很多中国特色的食品：海鲜蛋花粥、油条、烧饼、盖浇饭、老北京鸡肉卷、鸡腿米饭等，中餐与西餐平分秋色。相比之下，肯德基在美国的食谱极其单调，永远都是单调的那几种，远不能跟中国肯德基食谱的琳琅满目相提并论。

伴随着中国品牌从无到有的，是中国社会的消费升级和新世代消费者的成长。

所谓新世代消费者，指的便是“80后”“90后”“00后”。随着“00后”即将步入社会，“90后”开始成为社会的中流砥柱，新的中产阶层形成，成为消费的主力，他们的价值观和消费观将成为社会的主流。

在他们身上有五个非常明显的特征：

第一，已经脱离了物美价廉的需求模式，品牌消费是他们理所当然的消费观念，对于品牌的理解和追求高，消费能力强。相比“60后”“70后”因为普遍贫穷而对于消费的谨慎和保守，新世代消费者从小就生活在一个物质相对富裕的时代。消费主义在他们身上留下了深刻的印记，消费思维和模式已经牢固确立，无法逆转。在消费方面，对于“60后”“70后”来说，这个世界已经不一样了，“90后”“00后”更加“疯狂”地追赶着品牌和时尚潮流，对价格并不敏感，他们的消费理念是“60后”“70后”基本无法理解的。

说到这里，我们要把时间向前延伸一下，多讲几句。

在未来20年内，对于品牌和时尚潮流的追赶这个消费大趋势会一直加强，原因便是中国中产阶级队伍的日渐庞大。根据麦肯锡咨询《2020年中国消费者调查报告》，2010—2018年，中国一二线城市中宽裕小康和大众富裕家庭百分比一直在稳定地增长，从15%增长到了59%，而在三四线城市，这个数字是从3%增长到34%。由此导致的一个很明显的趋势便是：品质消费正在由一二线市场向三四线市场蔓延，过去很多在一二线市场畅销的比较高端的产品，如今在三四线市场已经成为消费热点。同样很明显，我们会在未来20年内看到一批在品牌消费包围下成长起来的消费能力更强、消费观念更新的“10后”消费者，他们的消费观念决定了“20后”的消费趋势！

第二，他们是在互联网文化和电子商务的环境中成长起来的，是“数字原住民”，热衷于二次元和虚拟社交，娱乐化占据了他们的日常生活，对各种新奇事物的接受度和包容度非常高。比如，对于网络小说、游戏、动画和漫画，“60后”“70后”普遍认为是不务正业，新世代消费者则发自内心地热爱，愿意为此付出时间和金钱。中国目前的二次元爱好者有多少呢？艾瑞咨询预计，2018年，国内泛二次元用户规模近3.5亿，在线动漫用户量达2.19亿，“95后”占总用户近50%！

第三，他们注重个人形象，注重消费体验，追求高品质生活，关注商品的专业、品质，品质消费代替了数量消费。

比如他们对智能家电的热爱，2017年，智能洗碗机销量增速为466%，智能体脂秤销量增速为430%，智能牙刷销量增速为460%！再比如，他们愿意让自己变得更加精致，尤其是男性，男性护肤品市场增幅是总体增幅的二倍多！又如，2020年，虽然受新冠肺炎疫情的威胁和影响，但是他们对高品质轻奢型的消费品仍然有旺盛的需求，“90后”“00后”等的支出贡献从42%上升至47%，已经接近一半。根据波士顿咨询与腾讯TMI合作发布的《2020中国奢侈品消费者数字行为洞察报告》，2020年，美国及欧洲的奢侈品市场需求在受到疫情冲击后，预计将整体萎缩45%，而来自中国市场的需求仍将有30%的增长！

第四，相比 26 岁以上的成年人，他们对中国品牌的信赖度更高。根据 2018 年《全球品牌（部分）中国网络影响力排行榜》，26 岁是品牌选择的一道分水岭：26 岁以下的消费者对中国品牌的信赖度要远远高于其他国家品牌，其中就包括美国、韩国、德国；26 岁以上的消费者，对德国品牌的信赖度则提升到第一位，显示出他们变得更加务实，更倾向于性价比。中国品牌则排在第二位，其次是美国品牌和韩国品牌。不过在实际购买中，因为价格和渠道的问题，德国品牌并没有排在中国消费者的首位，只排在第四位。阿里研究院 2020 年 5 月 9 日发布的《2020 中国消费品牌发展报告》显示，在“95 后”的购物车里，华为、小米和南极人更是取代了耐克、雅诗兰黛和苹果等国际大牌，成为他们的最爱。

随着中国品牌的崛起，外国品牌已经渐渐褪去了“高攀不起”的“尊贵、豪奢”光环。相应地，中国的授权经济也将迎来中国品牌的红利期。

第五，他们的成长过程中，信息来源更加多元，视野更加开阔，敢于展示自我。他们自信、自我、自由、娱乐、感性、创新，不仅愿意花钱，乐于消费，敢于消费，而且习惯消费多样化、个性化，偏好品牌商品，他们的品牌消费在大认同的范畴内更偏于小众，热衷于能够给他们带来独属的差异感的小众品牌。他们对待兴趣爱好有更大的选择空间，可以依据个人喜好深入发展，相应的消费在他们日常消费中的比重越来越大。

以上这五条特征，在“00后”身上展现得更加突出。相应地，我们也可以非常明确地判定“10后”“20后”等将把品牌更加日常化，更多的个性鲜明的IP将伴随着他们的成长，而品牌授权也将成为商业的日常，“日用而不知”，笼罩整个社会，这便是授权经济的未来常态。

在这样的基础上，授权经济便有了广阔的空间和未来。

这不是中国独有的现象，而是全世界普遍的发展规律。考察美国、英国、日本品牌授权的发展历程，会发现这些国家也大体经历了类似的阶段，并迎来了品牌授权的爆发和持续发展。

第二节
借船过海——品牌授权如何让你快速成功

品牌授权受欢迎的第二个原因就是：省时省力，快速进入市场。

有人把品牌授权形容为被授权商找到一座靠山，我们更愿意用“借船过海”这四个字来形容它。借助品牌授权这艘“大船”，飞快越过品牌创造这片需要耗时多年且输赢未卜的“大海”。品牌授权这条“大船”代表了从海量同质商品中脱颖而出的机会。

比如在中国义乌，据记者 2017 年调查，发现服装加工型企业对品牌授权的认可度非常高，为了获得知名品牌授权资格，相互间“掐架”的事情时有发生。

得到知名品牌的授权，商品就获得了快速进入市场的通行证，被授权商可以凭借该品牌的知名度和良好的品牌形象、经营理念，以较低的成本、较快的速度、较低的风险，使企业的产品即时获得消费者认知，唤起消费者的品牌联想，被消费者认同，快速渗透市场。

也就是说，产品进入市场被消费者购买，各个环节的难题，已经在授权品牌的“担保”下，被降到了最低。

至于被授权产品的质量问题，一般来说，合作双方会在授权合同中加以规定，保证了基本不会出现产品质量问题，越是知名的 IP，对于质量的要求越高。

例如比得兔，不仅授权品牌商谈和信用审核极其严苛，而且对产品品质控制极严，每一批次抽检商品都要送到英国总部审核，从源头上就过滤掉了低品质合作商，从而保证了比得兔的品质。

在品牌授权发达的地区，消费者会对授权品牌自动产生信任，认为经过品牌授权的产品质量天然地更有保障，会优先购买授权品牌，哪怕授权品牌价格更贵也不能改变他们的选择。

同样的产品，经过知名品牌授权的“加持”，更容易进入分销渠道，更容易迅速获得消费者的认同，大幅缩短市场磨合的时间。

我们来看“古老”的泰迪熊的例子。

1902年，美国总统西奥多·罗斯福在密西西比猎熊，结果第一天一只熊都没打到。第二天，总统的助手们捉到了一头黑熊，将它绑在树上，以方便罗斯福总统轻松“狩猎”。没想到罗斯福认为射杀被绑住的熊很没有体育道德，有损形象，断然拒绝（后来并没有放生，而是由助手们用刀搏杀了熊，带回营地吃掉了）。罗斯福不肯射杀被绑住的熊这件事被一位叫克利福德·K.贝里曼的漫画家画成了漫画，把熊画成了呆萌可怜的小熊模样，登在了《华盛顿邮报》上，很快，这件事情便尽人皆知。

在纽约布鲁克林区有一家老式糖果店，卖糖果和一些小玩意，生意并不好，店主莫里斯·米德姆和妻子在报纸上看到漫画后，做了一个玩具小熊挂在店里，招揽顾客。因为罗斯福总统的昵称是泰迪，所以他们就给这只毛绒小熊起名为泰迪熊。没想到这只泰迪熊竟然吸引了很多顾客的眼球。莫里斯·米德姆灵机一动，送了一只泰迪熊给罗斯福总统，并附了一封信。罗斯福总统看到后，欣然同意用他的名字来命名。

到这里，品牌授权的主要元素出现了。授权者/授权商是罗斯福总统，授权品牌是他的名字，被授权商是糖果店主莫里斯·米德姆。至于授权金额就不知道了，估计是免费的。

获得罗斯福总统的授权后，泰迪熊一发不可收拾，最后，竟然发展成为有名的创意玩具公司（the Ideal Novelty and Toy

Company）。你看，一次偶然的机会，令一个糖果店老板彻底改变了命运。他并没有做很多事情，只是敏锐地抓住了一次绝佳的机会，登上了罗斯福总统这条“船”，便一飞冲天。

这之后，泰迪熊又从被授权商变成授权商。作为享誉世界的知名品牌，它的授权范围更加广泛，内容授权、商品授权、渠道授权、主题授权等，涵盖种类极多。到了2012年，这个已经红火了110年的知名IP又从品牌授权走向了电影，《泰迪熊》电影全球票房高达5.5亿美元，并陆续开发了一系列电影。

还记得我们在第一章讲过的秀兰·邓波尔吗，当时她主演的电影都很卖座，其票房纪录至今没有哪个童星可以匹敌，对她的喜爱成为当时的一股热潮。相应地，围绕着她的周边产品也非常抢手，例如邓波儿手帕、邓波儿服装、邓波儿肥皂、邓波儿彩画书，还有秀兰·邓波尔娃娃，这是当时美国女孩童年

图3-1 泰迪熊毛绒玩具

生活的组成部分。而生产秀兰·邓波尔娃娃的正是从泰迪熊起步的创意玩具公司。

品牌授权还有一个好处：获得品牌授权后，授权商后续进行的各种品牌宣传、营销，实际上也是为被授权商做广告，会直接带来销售的增长。这样，被授权商其实省了相当大一笔广告费，借风行船。

其实，它省下的不仅仅是一大笔广告费，更是营销宣传失败的风险。这一点，对于那些初创企业尤其重要，值得那些想走捷径，抓住一个互联网风口就一飞冲天的人深入思索。

现实中，总有人希望找到成功的捷径，希望借助互联网实现快速成功，希望能抓住互联网的风口。但是经历了几年的发展，我们都看到了，互联网风口确实把很多猪吹到了半空，但是也摔死了绝大部分猪。

比如前几年热火朝天的共享单车，如今已经基本没有热度。从2016年的百花齐放到2018年的凄风苦雨，它的热度只维持了两年。它以前所未有的速度崛起，一度是风口上飞得最高的猪，却又以更快的速度坠落深渊。

第一个吃螃蟹的ofo倒闭了，留下1500万人大约15亿元的押金巨坑。创始人戴威曾经高调宣称“终有一天，我们ofo会和Google一样，影响世界”，后来也低下了心高气傲的头颅，称“跪着也要活下去”，如今销声匿迹。

图 3-2　ofo 共享单车

紧跟其后的摩拜最终“卖身”美团，改名为美团单车，创始人套现离场，算是一个比较圆满的结局。

图 3-3　摩拜共享单车

如今的共享单车领域尘埃落定，美团单车（原摩拜单车）、哈罗单车、青桔单车三足鼎立，它们的背后分别是三大资本巨头——美团、支付宝和滴滴，沦为这三大 App 的流量入口。

这个过程中，很多跟风的共享单车都做了炮灰。所以，热闹和风口不代表能够赚钱，可能仅仅就是热闹而已。炫人耳目的新名词、新潮流、新风口，大部分只是华而不实的肥皂泡，不会成为下一个真正的经济突破口。互联网并不是魔术棒，它无法定义所有行业，也不是沾了“互联网经济”五个字的所有新生事物就一定会成长为参天大树。

更为严重的是，经历了 10 年左右的野蛮生长，无论是互联网电商还是智能手机、智能出行、短视频，红利基本吃完，整体迎来了增长的天花板，被迫进入存量时代。增量时代，数量更重要；存量时代，质量更重要，品牌化成为不得不走的一条路。

跃过龙门，鲤鱼化龙，翱翔于广阔天地间；跃不过，就只能在臭水坑里继续与泥鳅争食。有无品牌，差距便是这么大。品牌授权正是那些想要跃过品牌“龙门”的“鲤鱼”的一双翅膀。

第三节
随行者——品牌授权解决了中小企业自创品牌的痛点

品牌授权受欢迎的第三个原因就是：它解决了中小企业自创品牌的痛点。

对于被授权商来说，这是一个难得的学习机会，可以近距离地接触知名品牌的经营模式、品牌的推广、专业的培训、专业的素质，避免了品牌创造路上的各种陷阱。

这个世界上永远不缺乏不甘心的人。有的人会说，我为什么要做一个“受品牌方剥削”的被授权商？为什么我不去创业，做自己的老板？

当然可以。但用知名品牌授权带动自创品牌的发展，是一条品牌运作的捷径，远比闭门造车，自己一步步摸索前进要省时省力省心，最重要的是避免了摸索路上的种种陷阱。

品牌是产品活着的底气，如果没能成为知名品牌，就只能陷入同类产品的汪洋大海，陷入残酷的价格战泥潭，即便艰难生存下来，也是惨胜如败。

我们以淘宝为例。2020 年天猫“双 11”购物狂欢节最终成交额锁定在 4982 亿元，共有 450 个品牌成交额过亿，远超 2019 年“双 11”299 家品牌进入“亿元俱乐部”的水平。

阿里巴巴的阿里鱼梳理出当天各行各业的爆款清单，发现全部是知名品牌！

这说明，高质量品牌、知名品牌将占据人们绝大部分视线。相应地，低劣、山寨、低层次产品正在悄然死亡，大批低层次品牌正在被残酷淘汰。

这背后的含义十分耐人寻味。

当今社会如同万花筒，我们似乎有无限的选择，但真正选择的时候就会发现，我们可以选择的其实并不多，而且很难看清方向。用近几年出现的一个词来说，全世界已经开始进入 VUCA（乌卡）时代。所谓 VUCA，是四个单词的缩写，volatility（易变）、uncertainty（不确定性）、complexity（复杂）和 ambiguity（模糊），也就是说，当下全球进入了由科技革命、互联网浪潮、经济危机、地区冲突、全球化带来的一个易变的、不确定的、复杂的、模糊的状态。2020 年突如其来的全球新冠肺炎疫情暴发就是表现之一。

观察近年来中国市场的发展，强者愈强的趋势越来越明显，并且这个趋势将在一段时间内加速进行。能够进入消费者眼球的，只有各个细分领域的头部产品，它们牢牢占据着流量的入口，无论是在线上还是线下，普通品牌竞争力日渐降低，已经很难出人头地。

资本的天性就是获利和增殖，占领所有的市场。资本驱动下，互联网巨鳄早已占据了各个出口和上升的空间，行业壁垒已经形成，布局已经完成，生态圈已经建成，头部效应正在发挥越来越大的作用，只有超级品牌才能胜出，占据主要市场。如今的互联网生态，幼苗已经很难独立成长为参天大树，小品牌最多只能生存，基本不可能壮大，对于大部分创业公司，“依附卖身”成为无奈的最佳选择。

在当下的中国，各个板块都已经被巨头跑马占地之后，创业已经成为一件风险极高的冒险行为。简单来说，不能位于行业第一梯队，就难逃“消亡”结局。

接下来，我们从实际经营的角度，来看看一个创业者和创业团队需要掌握哪些技能，才能顺利创办公司并良好经营下去。

1. 资金：这是创业者最大的障碍，也是最致命的一点，包括但不限于启动资金、运营资金、融资、借贷、固定资产与现金流。2018年资本寒冬的到来使得融资更难，尤其是2020年新冠肺炎疫情全球大暴发，压力传导之下，很多领域会相继迎来衰减。

2. 技术：当今适合创业的领域并不多，具有后发优势的领域都有着极高的门槛——高科技、人工智能等，根本不是普通创业者能够入场的。而产品驱动型则需要防备跟风，尤其是大的互联网公司跟风，即便有先发优势，巨型互联网公司一样可以通过快速跟风鸠占鹊巢。

3. 财务：毫不客气地说，大部分创业者在财务知识方面的欠缺惊人，却有与生俱来的乐观精神，很容易产生一个致命的错觉：一门心思做产品、做营销，哪怕赔钱依然坚持，未来一定会柳暗花明、一飞冲天。他们没有养成计算盈亏的习惯，往往也找不到一个明确盈利的模式。获得投资后，很容易被金钱冲昏头脑，将投资视为盈利，大手大脚胡乱花钱。很多初创企业都是倒在了财务混乱上。

4. 营销：首先，营销受制于资金。互联网时代，看似人人都能发布信息，拥有极大的自由，实际上，这些信息如果不能被消费者精准接收，就只能算是垃圾信息。互联网并非万能，网络的“有效容量”也并非无穷，尤其是近几年来，线上获客成本已经高涨到与线下持平的程度。其次，营销需要消化产品，做出精准分析，然后进行宣传推广。能够把产品宣传做好，而不是靠钱砸，并不容易。很多创业者往往更擅长做产品，对于营销一知半解或者一窍不通，认为只要产品质量做好了就能脱颖而出。事实上，在互联网时代，如果不能快速有效传达信息，便注定了失败的结局，产品再好也无用，也就是“酒香也怕巷子深”。尤其是互联网营销，其思路与传统线下营销大为不同，线下营销的惯用套路在线上往往失灵，只能看着别人家做得风生水起，自己看不懂，偏又学不会。

5. 人力成本：低成本社会的终结，人工成本的飞速上涨，基本断绝了创办低端劳动密集型企业的可能。整个中国都面临着一个无法逃避的现实：低成本社会已经终结，人口红利已经消失，由此带来了产业的不可逆转的迁移和产业结构的升级，由外延扩张型向内涵集约型转变，由规模速度型向质量效率型转变。中国制造往中高端转移已成定局。我们在前面也讲过，因为人工成本的上涨，国际代工很大一部分已经转移到了东南亚，还有一部分转移到了中国中西部，而随着交通的进一步发展，转移到中西部地区的代工企业在未来10年内便会面临人工成本飞涨的压力，将不得不再次迁移。

6. 团队：凑齐具备这些技能的团队是很难的。往往一个短板就成为一个致命漏洞，全盘皆输。

所以，创业的现实结果是：最终成功上市的小于1%，超过99%的创业公司死在了资金、运营、管理等诸多关卡上，死在了上市前的苦苦挣扎和煎熬中。据美国《财富》杂志报道，中国中小企业的平均寿命仅有 2.5 年，集团企业的平均寿命仅 7—8 年。

而想进一步创立自己的品牌，难度就更大了。

近年来，随着市场竞争的日趋激烈，市场开发成本日益高涨，使得导入新品牌的成本和风险更高。在美国，创立一个新品牌的成本需要 8000 万美元到 1.5 亿美元之多，还不一定保证获得成功。在中国，做一个品牌每年至少要花费 1000 万元，成本极其昂贵，同样不能保证成功。

而不能形成良好的品牌，就缺乏知名度，产品价格上不去，利润自然也就上不去。影响更深远的是，由于无法形成品牌，也就无法向消费者准确传达信息，消费者无法对产品产生清晰的识别和品牌联想。

用美国艾·里斯和杰克·特劳特的定位理论来分析，会发现消费者生成的认知其实与创业者传达的信息有很大偏差。比如创业者做出 A 产品，希望向消费者传达的信息是 B，但是到了消费者那里，因为没有品牌的支撑，就被理解成了 C，这时候，A 和 B 对于消费者是没有意义的。

简单来说，商业世界不存在真正的事实，认知就是“事实”。对于没有形成品牌的初创企业，这种理解偏差根本无法避免，结果便是事倍功半。而有了品牌之后，企业做出的所有产品到了消费者那里，都会被自动理解为企业希望理解的 B。这就是品牌的价值。传统企业里有一句名言：“三流企业卖产品，二流企业卖品牌，一流企业卖标准。”这句话再正确不过了。

所以，当下中小企业自创品牌的痛点就在于：没有品牌，知名度就不够，利润就少；而要创造品牌，则花费巨大，且极难杀出重围。

自创品牌当然是一条正确的向上的道路，但也是一条非常艰辛的道路。正确在于，转型升级是脱胎换骨，跨过去便能海阔天空，而且，连续 10 年保持“世界第一制造大国”地位，中国的众多中小企业已经积累了相当的技术和管理经验，能够生产出品质相当高的产品。艰辛在于，正如上面讲的，品牌不是那么容易创造出来的。有的创业者费尽心力培育了几年，甚至十几年，却发现品牌依然不温不火，不被市场接受，不被消费者认同。

这时候，品牌授权的优势就凸显出来了，完美地解决了中国众多中小企业自创品牌的痛点。

品牌是号召力，是核心竞争力，能获得人们内心的文化认同感。授权可以把创业者擅长的方面充分发挥，力量用在一处，而不是四面兼顾。你不必是一个全能型人才，不必既是船长又是大副，甚至还得充当船医。品牌授权可以让你借船过海，找到快速进入市场的一条捷径，节省了从零开始创建一个品牌的时间成本，避免了失败风险。它让被授权者跨越了技术的天堑，跨越了原始市场的艰辛培育，直接拥有了一把财富的金钥匙。

上面提到的具备了技术和管理经验的代工企业，便可以选择那些已经成名的相应品牌，各取所需，借鸡生蛋。比如，恒源祥展开品牌授权合作后，便有一批企业获得了恒源祥的品牌授权，完美地解决了这个难题。虽然恒源祥的授权费用相对较高，往往达到一两千万元，但被授权商依然利润丰厚。

在品牌授权经营中，授权商一般会提供一套完善的品牌管理模式，被授权商可以直接拿过来用，亲身体会授权品牌的经营模式，有机会发现它的成功奥秘，跟随它的脚步，创造属于自己的成功。待到时机成熟，便实现从被授权商向授权商的华丽转身，最终踏上创建品牌的道路。接下来，它也可以做品牌授权，帮助更多的中小企业，然后出现一批新的品牌。这就是商业生态系统的正常进化。

所以，走上品牌授权之路让你不必体验那么多的惊险刺激，它只会让你稳扎稳打地向着成功靠近。

第四章

先行者：国外动漫授权经济

第一节
迪士尼启示录：授权成就“迪士尼帝国”

美国具有全球最完善的影视品牌授权产业链，拥有世界上规模最大的主题公园以及集研发、设计、营销综合规划和布局为一体的衍生消费品经营模式。

《2020全球授权业市场报告》显示，2019年，全球授权商品零售额共计2928亿美元，其中美国和加拿大授权商品零售总额占比为58%，为1698亿美元，是无可争议的“领头羊”。

美国影视IP的特点是：寿命长，积累厚，爆款多。这些特点决定了美国影视授权业生命力长久、吸金能力强。

考察近年来美国影视IP授权商品，服装衍生品占比最高，大约占总额的1/3，玩具（约占3/10）和时尚配饰（约1/4）构成了另外两大板块。

对于美国这个授权产业非常成熟的市场来说，品牌授权已经接近夕阳产业，但这里的“夕阳”只是一个相对概念，并不是没落，更多的是成熟和稳定，并且蕴含着再次“变异”“升级”的巨大可能。预测随着互联网和人工智能在美国的发展，美国的品牌授权将迎来一次新的爆发。

我们以迪士尼作为美国品牌授权的标杆，看一下迪士尼到底是如何操作品牌授权的。

授权方面，迪士尼堪称全世界授权业的启蒙导师。

2020 年全球 150 强授权商排行榜中，迪士尼以 547 亿美元巨大的优势保持第一的霸主地位，比第二名的美国传媒集团梅雷迪思公司（Meredith Corporation）多出 282 亿美元。

迪士尼身上有太多的光环：

2020 年世界 500 强，迪士尼排名第 150 名！

2020 年度 BrandZ 最具价值全球百强品牌中，迪士尼赫然排在第 22 位。

迪士尼 2019 年财报显示，全年营业收入 695.70 亿美元，同比增长 17.05%，净利润为 110.54 亿美元。2019 年底，迪士尼市值超过 2663 亿美元！

2019 年全球票房 TOP 20 的影片中，迪士尼独占 8 席，成为最大赢家，并包揽了前三名。全球电影票房 TOP 10 中，迪士尼占了一半！全球票房破 10 亿美元的电影，迪士尼也占了一半！

首家连续5年（2015—2019年）全球票房突破50亿美元的电影公司，2019全球年度票房更是突破110亿美元大关，成为全球影史首家达到110亿美元票房的电影公司，一骑绝尘！

这就是迪士尼。

还有一点需要特别强调，这家百年公司依然保持着强大的斗志、无与伦比的执行力和旺盛的胃口，时刻展现着勃勃的生机和征服世界的欲望。

大众熟知迪士尼是创始人华特·迪士尼靠一只老鼠起家的，但很少有人知道，华特之所以选择老鼠这个形象，恰恰是因为他在版权方面受到了别人的暗算。

1923 年 7 月，一个纽约动画发行商看中了华特的创意，用一笔小钱便签订了他的《爱丽丝仙境》系列电影合同。

为制作电影，华特和哥哥合伙，开始了第三次创业，这便是后来成为世界传奇的迪士尼的雏形。

1926 年，《爱丽丝仙境》好评如潮，华特也推出了新的卡通形象——幸运兔奥斯华。

然而第二年，华特仔细研究与发行商的合同，发现发行商把幸运兔奥斯华的所有权益都掐在了手里，自己辛苦创造的角色到头来不过是给他人做嫁衣裳（直到2006年，迪士尼才从NBC环球手中买回了幸运兔奥斯华的全部所有权）。

气恼之中，华特想起了办公室里出没的那群老鼠，顿时来了灵感，米老鼠就此诞生。

1931年，华特凭借米老鼠电影《威利号汽船》，获得了人生第一座奥斯卡金像奖（华特·迪士尼的一生共获得了56个奥斯卡奖提名和7个艾美奖，是世界上获得奥斯卡奖最多的人）。

这时，一位家具制造商找到华特，说："如果你允许我把米老鼠的形象印在我的写字台上，我就给你300美元。"华特意识到，原来并不只有靠大荧幕才能赚钱。这笔钱成为迪士尼公司收到的第一笔品牌授权金，也开启了迪士尼品牌授权的辉煌历史。

1930年，米老鼠取代菲力猫，成为美国最受欢迎的动画人物，受到美国孩子疯狂追捧。米老鼠俱乐部也在全美越来越发展壮大，拥有多达100万名会员组成的800个分会，甚至在伦敦的杜莎夫人蜡像馆的名人堂里也有米老鼠蜡像。

市场上不断出现的盗版米老鼠商品，促使华特迅速签署正式的授权协议，以便使正版米奇产品到达年轻粉丝们的手中。从最初的商品如米奇和米妮手帕，到米奇毛绒娃娃（开始都是手工制作）。迪士尼是最早进入电影衍生品销售领域的公司之一。

截至1934年，米老鼠商品市值达到3500万美元。梅西百货的米老鼠手表一上市，一天就能售出11000只，每只售价3.75美元，从而挽救了濒临倒闭的制造商英格索尔。华特高兴地说，迪士尼公司迅速出售其商品赚的钱，要比创作动画片获得的还多。

但是，迪士尼的早期品牌授权也不是没有问题。

迪士尼犯的错误在于只顾授权，不管质量。广告大师贺蒙·凯曼建议迪士尼应该注意授权产品的质量，防止劣质产品玷污品牌。迪士尼如梦方醒，与贺蒙·凯曼的公司签订了合作协议，由其代理授权业务。贺蒙·凯曼的公司更为专业，其效果果然比迪士尼自己做品牌授权要好得多。

图 4–1　米老鼠

但是，迪士尼的IP头上也悬了一把刀，那就是版权保护期。米老鼠等版权就是迪士尼的脊骨，这根脊骨断了，迪士尼也就站不起来了，因此迪士尼对于版权保护期限这把刀非常紧张，为此进行了一系列活动。

按照美国20世纪70年代的《版权法案》，米老鼠的版权保护期将在1984年截止。迪士尼于是做出了一系列动作，推动《版权法案》的修改，终于在1976年通过新法案，将最长56年的保护期大幅延伸，米老鼠得以续命至2003年。

1998年，就在米老鼠版权期仅剩5年的时候，《版权法案》再次更改，米老鼠又增添了20年寿命。

迪士尼为此耗费了无数精力，背后进行了多次游说，甚至资助国会竞选议员：1997—1998年的政治竞选中，迪士尼公司共捐赠了80万美元，在游说国会议员上共花费8700万美元！

“大限”不仅仅是针对米老鼠一个IP，普鲁托版权将于2026年到期，高飞狗将在2028年到期，小鹿斑比、小飞象、唐老鸭、白雪公主等过些年也面临着同样的“生死线”。

时间进入2021年，米老鼠大限再次逼近，美国版权制度还会为了米老鼠修改吗？这个可能性还是很大的，毕竟如果失去米老鼠这个IP，迪士尼每年至少少赚32亿美元！

迪士尼是从米老鼠起家的，但如果你认为90年来迪士尼全靠一只老鼠维持生存，那真是大错特错了！

这些年来，迪士尼一直在不断扩充旗下的IP储备，吸纳“他人基因”，不断推出新的IP。倚仗全世界屹立不倒的主题乐园，IP云集的电影业务和内容、衍生品授权，倾力打造出了辉煌的“迪士尼帝国”。

2006年，迪士尼以价值74亿美元的股票收购了皮克斯公司；2009年底，迪士尼以42.4亿美元的价格收购了漫威；2012年，以40.5亿美元的价格收购了卢卡斯影业；2019年又以713亿美元的惊人价格收购了21世纪福斯影业。六大影业的格局逐步变为迪士尼一家独大，成为无法撼动的霸主。

如今，迪士尼旗下拥有蜘蛛侠、金刚狼、美国队长、钢铁侠、雷神、绿巨人、惊奇队长、死侍、蚁人、黑豹、奇异博士、夜魔侠、惩罚者、杰西卡·琼斯、卢克·凯奇、铁拳、恶灵骑士、刀锋战士、野蛮人柯南、复仇者联盟、X战警、神奇四侠、银河护卫队、神盾局、捍卫者联盟、异人族、光照会等一系列超级英雄。

如今的迪士尼拥有 11 个超 10 亿美元人物系列，400 多个动画和电影形象版权，占美国总动漫授权量的 55%，堪称全球 IP 之王，为迪士尼创造着源源不断的电影和周边产品收益！虽然收购皮克斯、漫威和卢卡斯价格不菲，但这几次收购绝对是神来之笔，物超所值，尽显迪士尼的雄心魄力，也支撑着迪士尼不断攀上高峰。

图 4-2 《蚁人》电影海报

仅仅 2013、2014 两年间，《星球大战》就带来了约 46 亿美元的周边产品收入，是迪士尼商品中最赚钱的。2015 年 9 月，玩具首卖活动 Force Friday 开始，到 12 月《星球大战 7》上映，玩具周边为迪士尼带来了 7 亿美元的销售额！

2009 年收购漫威花了 42.4 亿美元，结果漫威创造了 225 亿美元的电影票房。现在的“漫威宇宙”已经是无可争议的第一 IP，其价值在 350 亿美元以上。

早在 1996 年，迪士尼就以 190 亿美元收购了 ABC 及其附属的电视网、ESPN 体育频道等业务，目前这些业务仍然占迪士尼总收入的四成以上。近几年，迪士尼又开始打造自己品牌的流媒体，将其命名为 Disney+，于 2019 年面世，以整合公司旗下的迪士尼、皮克斯、漫威、星球大战，以及包括“国家地理”在内的 21 世纪福斯旗下的内容，实行 Disney+ 独播，试图成为另一个闭环的“苹果手机”。

围绕着这些 IP，迪士尼在电影、游戏、主题乐园、文创产品方面进行了各种开发，在全球授权了 4000 多家企业，授权产品大概有 10 万种，从最普通的圆珠笔，到价值 2 万美元一块的手表，获利丰厚。

我们来看看迪士尼是如何将品牌授权与主题乐园相结合的。

1955 年，世界上第一家迪士尼乐园——洛杉矶迪士尼乐园建成开放。

1971 年，耗时 10 年的佛罗里达州迪士尼建成。

1983 年，东京迪士尼乐园建成。

1992 年，巴黎迪士尼乐园建成。

2005 年，中国香港迪士尼乐园开放。

2016 年，上海迪士尼乐园开放。

图 4-3　迪士尼乐园

图 4–4　巴黎迪士尼乐园

不断扩展的 IP 阵营持续给迪士尼乐园提供新鲜的血液，让迪士尼可以每年都更新游乐设施和游乐项目，时时保持进化状态，保持着新鲜感，不仅吸引着游客慕名前来，而且吸引游客产生持续性消费，有些迪士尼迷甚至喊出“迪士尼乐园值得每年都来一次”的口号。

在迪士尼 2018 财年总收入的 594.34 亿美元中，除了最大的媒体网络业务（41.22%）外，就属迪士尼公园及度假村业务最赚钱，占比 34.15%，然后才是影视娱乐业务（16.8%）。而在迪士尼乐园的收入中，门票收入仅占 30%，餐饮占 15%，住宿占 13%，购物占 25%，其他占 17%，游客在进入园区后的第二次消费才是迪士尼盈利的真正来源。

粗略估计，三口之家去上海迪士尼乐园游玩一天，基本消费在 2600 元左右，如果选择了两日票 + 住宿，花费会更高。

在迪士尼乐园，一条《冰雪奇缘》艾莎公主的公主裙要卖到 500 元左右，很多小女孩穿在身上就舍不得脱下来。其实这条公主裙的成本并不高，但有了 IP 的加持，在迪士尼乐园这个特殊场景，小女孩的购买意愿空前强烈，顾客也只好为品牌高溢价埋单。这是普通游乐园绝对做不到的，也是无法复制的。

就是这条售价为 149.95 美元的“Elsa 公主裙”，在美国一年卖出了 300 万条，收入约 4.5 亿美元！即使《冰雪奇缘》票房持平或亏损，整个 IP 也是盈利的。

《疯狂动物城》上线之前，迪士尼就早已对其周边产品有所布置，比如兔警官朱迪同款的胡萝卜录音笔、各种呆萌可爱的公仔。就连虚拟周边，迪士尼也投注了很大精力，与 QQ 达成了战略合作，开发各种虚拟周边产品，极力拓宽消费者边界。

迪士尼消费品业务已经连续第五年保持两位数的快速增长：2018 年，每秒钟就有 66 件迪士尼授权商品售出，全年超过 10 亿件！

IP 如同神奇的种子，会自然地生长出各种衍生品来，然后进化成一个繁荣的生态系统。可以说，整个迪士尼帝国就是建立在一个个 IP 的基础上，没有了 IP，迪士尼就是无源之水。

也因此，中国想建立能与迪士尼抗衡的乐园，必须低下头沉默耕耘几十年，创建一系列坚实的IP。罗马城不是一天建立起来的，只靠一些毫无辨识度的游乐设施而无独特的IP形象支撑，跟迪士尼根本不可同日而语，绝无超越的可能，舍本逐末，必不能长久。

做品牌授权，迪士尼无疑是祖师爷级别的，多年的品牌授权经验，让迪士尼形成了一套严格到变态，被称为FAMA（Facility and Merchandise Authorization，生产设施商品授权）的审核机制。

首先，被授权商的资格当然是要查的，至少得有5年以上的行业经历才能通过审核。审核的内容，甚至包括过往的薪资、考勤、消防演习记录。

其次，授权产品的生产厂家也必须通过FAMA审核。有的被授权商拿到了FAMA后，就随便找生产厂家生产，结果产品被海关扣留甚至销毁。

再次，授权产品的质量，这个毫无疑问是要严格检查的。迪士尼会不定时搞突击审查，两次突击检查不过关，就会被撤销FAMA，已生产的商品也无法出货。

最后，就算获得FAMA，每年也必须及时提交ILS（Dcsney验厂）审核报告，如果忘记了或者不符合要求，也会被撤销授权。

这一套很有欧美特色的审核机制极其严格又极其规范，堪称品牌授权规范的集大成者，同时也是中国品牌授权的学习借鉴对象。

除了迪士尼的一系列IP外，美国近几年还有一个大火的IP值得讲一下。它的独特之处在于喧宾夺主，硬生生从配角变成了主角，而且衍生品火遍全球。这个奇特的IP就是小黄人。

2010年，环球影业制作的《神偷奶爸》上映，没想到一群用基因变异DNA、脂肪酸加两杯半香蕉泥做成的机器人配角小黄人，以其呆萌又蠢贱的形象，受欢迎程度竟然远远高过主角。环球影业赶紧调整续集内容，特别加重了小黄人的戏份。

2013年，《神偷奶爸2》上映，不负众望，收获了9.7亿美元，大赚特赚，成为环球影业成立102年以来最赚钱的电影之一，荣登2013年动画电影票房榜首宝座。尤其是环球影业的电影制作费远低于迪士尼，以7600万美元成本斩获9.7亿美元的全球票房，更是凸显了环球影业精湛的控制能力，盈利相当可观。

2015年，专门为小黄人量身定做的《小黄人大眼萌》上映，小黄人身份“转正”，成为“一线”主角。尽管这部电影的IMDB评分6.8、Metacritic评分56、烂番茄新鲜度54%，口碑不如之前两部，但观众早已被小黄人的可爱“冲昏了头脑”，

“萌化了心”，纷纷表示没关系，只要有小黄人就可以。最终，这部电影全球票房11.6亿美元，成为仅次于《冰雪奇缘》（12.7亿美元）的史上第二大高票房动画电影！

2017 年，《神偷奶爸 3》上映，票房再次超过 10 亿美元！

在迪士尼动漫和超级英雄的强力挤压下，2017 年，没有超级英雄助阵的环球影业全球总票房率先突破 40 亿美元。这个耀眼的成绩单里，《速度与激情 8》《神偷奶爸 3》顶起了大梁。

以 37 亿美元的全球总票房，小黄人系列一举超越《怪物史莱克》系列 35.1 亿美元的全球总票房，成为全球影史最高票房的动画片电影系列！

谁也没想到，当初一个“无心插柳”的配角 IP 会成为全球最著名的 IP 之一。从电影界到广告界、饮食界、时尚界、电商、玩具、艺术品界，到处都能发现小黄人的“踪迹”。毫不夸张地说，小黄人系列周边已成为全球最流行的衍生品之一。

图 4–5　“蜘蛛侠”版小黄人玩具

图 4–6 “达斯·维德”版小黄人玩具　图 4–7 “绿巨人”版小黄人玩具

根据电影改编，由游戏巨头 Gameloft 出品的《神偷奶爸：小黄人快跑》的游戏，推出的一个月内下载次数就达到 5000 万，三个月破亿，一年飙升至 3 亿。

2013 年，环球影业的特许经营与纪念品销售收入只有 17.5 亿美元，还不到迪士尼的 5%，但凭借小黄人的火爆，小黄人周边产品“狂卖不止”。影城内常年摆放着挤满小黄人的货架，长销不衰，还设立了《神偷奶爸》主题游乐项目，以往成人更热衷的环球影城覆盖了更多人群，小朋友们会为了跟小黄人拍照而进入环球影城。

2016 年，LIMA（国际授权业协会）发布的关于全球衍生品市场的报告显示，2015 年，小黄人衍生品销售额达到了 11.6 亿美元。这比《神偷奶爸 3》全球总票房 10.3 亿美元还多出 1.3 亿美元，可见小黄人 IP 的强悍吸金能力。

2017 年，《神偷奶爸 3》内地上映前，环球影业已经与麦当劳、优衣库、周大福、雀巢等 30 多家品牌合作推出了周边产品。

2017 年，ofo 在北京、上海等一线城市和部分二线城市投放了 5 万多辆“大眼小黄车”，随处可见的小黄车成了小黄人“骑行的宣传”。

麦当劳推出“霸拿拿”香蕉派、“萌滋滋”麦趣鸡盒等小黄人系列新品，香蕉小黄人、火箭小黄人、举重小黄人等多款限定版玩具，与 QQ 联手发布召唤小黄人的 AR 应用。

珠宝品牌周大福推出“周大福小黄人系列”，包括手链、项链、耳钉等饰品……

有人笑言：“今年夏天世界是小黄人的，穿着优衣库小黄人 UT，踏着彪马小黄人联名款鞋，手上挂着周大福小黄人特别版，骑上小黄人 ofo，去吃麦当劳小黄人套餐。吃得一脸油了，旁氏小黄人洗面奶在你包里，旁边还躺着魅族小黄人定制版充电宝，就差可以张口说出小黄人的话了。”

在美国，这不是个例。

美国电影票房收入往往只占电影收入的 30%，另外 70% 的收入都来自服装、玩具、家居用品、电子游戏、电视版权、图书音像制品、主题乐园等周边衍生产品。比如，《狮子王》票房收入为 7.8 亿美元，衍生品收入为 20 亿美元，占总收入的 72%。

《星球大战》系列的票房收入有 90 亿美元，衍生品收入却高达 300 亿美元，占总收入的 77%。

尼尔森（NPD）的一份研究报告显示，2015 年，好莱坞电影衍生品中仅玩具一项的收入就高达 57 亿美元，占到当年北美票房的 51%，更是占到 2015 年中国票房的 89%。

这一年 12 月，《星球大战 7》在美国上映，其玩具周边从 9 月就开始热卖，到影片上映时，玩具周边已经带来了 7 亿美元的销售额，折合人民币约 48.35 亿元。两个月后，《星球大战 7》在中国上映，累计票房 8.25 亿元，票房不低，但也仅仅是前者的零头。

衍生品如此赚钱，甚至有人调侃好莱坞电影，说它们就是衍生品的加长版广告片。

这话其实真没说错。

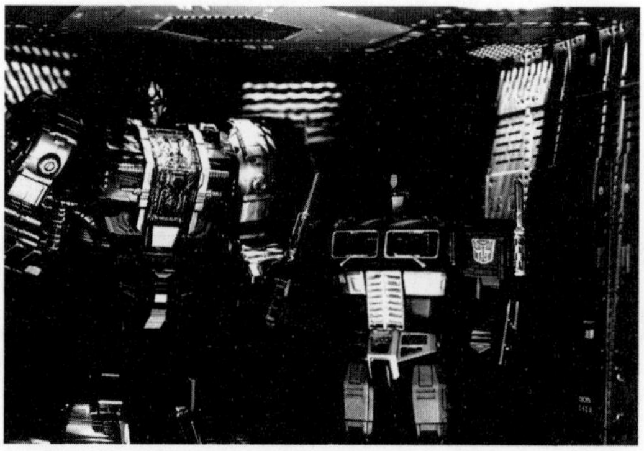

图 4-8　变形金刚玩具

曾经风靡全世界的超级 IP“变形金刚”最初推出的动画片，就是玩具生产商孩之宝公司为了推出新的可变形机器人玩具而制作的宣传动画。

为了推广这些玩具，孩之宝公司联合漫威，为这些机器人们（Transformers）制作了3集商业动画片，作为商业广告在电视上播出，而漫威的系列漫画也同时发售。

3集动画片的大受好评让变形金刚一跃成为热销玩具，孩之宝公司趁热打铁，继续制作《变形金刚》动画，陆续推出新的变形金刚玩具，2007年又推出了《变形金刚》电影版以及后续系列电影。

20世纪80年代末，变形金刚进入中国，采用的模式也是“先动画，后玩具”，还引起了一场“是否应该停播《变形金刚》动画”的大讨论。

这个模式后来被海尔“偷师”，于是就有了《海尔兄弟》。再后来，奥飞动漫为了推广悠悠球，制作了国产电视剧《火力少年王》。

品牌授权在美国发展到现在，甚至在玩具行业形成了一种“大气候”：几乎所有玩具都需要品牌授权，例如迪士尼、漫威、蝙蝠侠等。美国消费者不想购买没有授权的玩具，他们认为经过品牌授权的玩具更有价值，更有意义，质量也更有保障，哪怕品牌授权的玩具价格更贵，依然打消不了消费者的购买欲望。由此导致美国玩具零售商也不想销售没有品牌授权的产品。

从前端IP研发到后端衍生品销售，从授权商到被授权商再到消费者，从消费习惯到消费者心理，品牌授权发展到这个程度，这就是授权经济。

总结一下美国授权经济的特点，那便是：历史悠久，底蕴深厚；发展充分，创造力强；高度发达，规模庞大，转化和运营模式成熟，良性互动；强调版权，重视质量与安全。

这些特点，是我们了解和学习美国品牌授权时必须正视的。

在讲述“授权经济简史”的时候，我们提到了 20 世纪 30 年代漫威和 DC 漫画公司的漫画 IP，这些 IP 的故事内容一直在扩充，持续发酵，终于在 21 世纪初大放异彩。所以，IP 的开发一定要戒掉轻佻浮躁，放弃催熟 IP 的想法，要以愚公移山的精神，咬定青山不放松，要以工匠态度，做一米宽一万米深，不断打磨，终成精品，这样的 IP 才能拥有持久打动人心的力量，才能形成系列，也因此，品牌授权才能成为源源不断的流水，受益几十年，甚至上百年。

第二节
古板又充满童心：英国授权经济

2018年仅仅过了10天，一条跟英国王室有关的新闻就爆了出来：

> 英国王室御用内衣品牌Rigby & Peller公司失去了王室的授权，因为该公司的董事写的一本书透露了她与王室成员的工作细节。

对于一般人来说，这顶多是一扫而过的趣闻，但是对于喜欢高档奢侈内衣的女士，这是一条让人沮丧的消息。

Rigby & Peller是老资格的皇家御用产品，始创于20世纪30年代，自60年代以来一直拥有英国王室的授权。它的客户除了英国女王伊丽莎白二世，还有女王的母亲、妹妹、戴安娜王妃、撒切尔夫人、Lady Gaga、卡戴珊家族……

无与伦比的精美款式和顶级品质，再加上“皇家御用”这块金光闪闪的招牌，Rigby & Peller 在消费者心目中既代表着时尚，又代表着尊贵，即便价格昂贵，依然不乏问津者。

失去了来之不易的“皇家认证”，被剥掉了尊贵的标签属性，这对 Rigby & Peller 构成了严重打击。

那么，英国王室的这个“皇家认证”是怎么来的？获得授权后又有什么好处呢？

在很久之前的英国，王室就有给经常为君主提供商品或服务的商人和公司颁发授权的传统。最早授予商家委任证书的记录是在 1155 年，由英王亨利二世颁发给纺织公司 Weavers Company。

目前，有资格颁授认证的王室成员只有三位，分别是伊丽莎白女王、爱丁堡公爵（女王的丈夫菲利普亲王）和威尔士亲王（查尔斯王子）。他们必须亲自使用该供应商的产品 5 年，确认品质没有瑕疵，才有可能考虑授予认证——注意，是“有可能”。

而且，这种认证并非终身制，有效期通常只有 5 年，到了第 4 年就要再次申请，一旦质量下降或者声誉有损，就会被剥夺认证。每年会有 20—40 个品牌被取消认证，又会有相应数量的品牌补充进来，总数维持在 850 个左右。

Rigby & Peller 的资格被取消，就是因为它的老板在书里曝光了自己给皇室服务的细节，以及皇室人员的习惯和隐私，女王知晓后大为恼怒，下令取消了 Rigby & Peller 的皇家授权资格。

近些年来被取消认证的品牌就有：烟草公司 Benson & Hedges、哈罗德百货公司（Harrods）、卡尔（Carr）饼干、胡佛公司（Hoover）、大众汽车等。

Hunter 雨鞋，Barbour 外套，Launer 手包，Cartier 珠宝，伊丽莎白·雅顿，Twinings 茶叶，桂格麦片，捷豹路虎，宾利，亨氏番茄酱，Tabasco 辣椒酱，瑰柏翠，这些日常可见的商品都在王室的认证名单上，并不局限在奢侈品。

获得“皇家认证”，可以在宣传中说自己是拥有认证的皇家御用供应商，展示与业务有关的皇家纹章，并把认证的徽章印在广告板、信纸顶部和自家商品上。

能够同时拥有三份认证的产品等级最高，是莫大的荣耀。

这就是英国品牌授权的一个缩影。

人口只有 6500 万，国土面积只相当于中国的广西壮族自治区，国民生产总值（按 2017 年计算）只占中国的 22%、美国的 14%，却是全球授权第二大国，在 2017 年的销售额达到创纪录的 140.4 亿美元，版权方的版权收入高达 8.18 亿美元，在欧洲首屈一指，仅次于美国，是中国的 1.6 倍！

这就是英国。

这个老牌资本主义国家的落魄已是不争的事实。2018 年 8 月底，5 艘英国渔船在法国塞纳湾捕捞深海扇贝，因为正处于法国“禁渔期”，遭到了法国 40 艘渔船的包围。双方互相扔石头和烟幕弹，多艘渔船的船身被撞出大洞。

这场“扇贝大战”以英国渔船灰溜溜离开争斗海域结束，对此，英国前第一海务大臣维斯特勋爵哀叹道：“众所周知，我们已经没有足够的舰只在英国领海和我们的专属经济区巡逻。”曾经由纳尔逊指挥的英国皇家海军舰队如今已经衰落，甚至经历了 2011 年“皇家方舟”号航母退役后 6 年没有航母的空窗期。

制造业已经不是英国的支柱产业，不过，“百足之虫，死而不僵”，它还在凭借深厚的文化底蕴做文化出口，继续“正大光明地吸收着全世界的养分”，尤其是在东亚中国地区，支撑着英国老迈的躯体继续踉跄前行。

严谨，傲慢，但又能突然做出让人惊艳的产品，是这些年大众对于英国品牌授权的印象。我们能够感触到的英国授权品牌，包括小猪佩奇、《哈利·波特》、曼城足球俱乐部，都是全球品牌授权市场追捧的宠儿。

美国的授权经济如同万丈烈焰，英国的授权经济则如同一湾深潭，平缓沉稳，偶尔奇峰突出，炫彩夺目。所以，英国能够一直保持品牌授权亚军的宝座并非幸得。

比如《哈利·波特》的问世就是妙手偶得，却惊艳绝代。

20世纪90年代，24岁的J.K.罗琳坐在前往伦敦的火车上，恍惚中，她看到窗外有一个瘦弱、戴着眼镜，还一直在对她微笑的黑发小巫师。哈利·波特的原型就此诞生了。

20年来，《哈利·波特》系列已经被译为70余种语言，发行量超过5亿本，系列电影收获了12项奥斯卡奖，78亿美元票房，还有116亿美元来自主题公园、饮食和服饰等衍生品领域。

《哈利·波特》系列已完结多年，周边产品依然层出不穷，堪称一座淘不尽的金矿。

那只长得像粉红色吹风机，名为佩奇的小猪是近两年最热门的卡通形象。这只“萌萌哒”的小猪来自英国，是儿童学前教育动画片《小猪佩奇》的主人公，原本只是在儿童世界表达亲情、友爱，但2015年进入中国后，随着短视频等网络社交平台的助推以及表情包的走红，借助互联网高效传播的特点，“小猪佩奇”一夜成名，硬是变身成为受到网络上年轻人追捧、带有“社会人”属性的超级IP，引领了一场现象级的全民狂欢。仅仅一年，《小猪佩奇》的收看次数就超过100亿次！

2004 年，《小猪佩奇》播出了第一集，开启了这只猪的传奇之路。

2007 年，有着丰富电影发行、IP 授权经验的 eOne 公司以 9700 万美元的价格收购了小猪佩奇发行商 Contender Entertainment Group。2015 年，eOne 又以 1400 万英镑的价格收购了其制作方 Astley Baker Davies 70% 的股权，之后又将它变成了自己的子公司，控制权提高至 85%。

"小猪佩奇"用它超强的吸金表现，证明了 eOne 公司的慧眼独具。2016 年，eOne 公司在全球签署了 500 多个 IP 授权协议，金额 11 亿美元！到了 2018 财年，"小猪佩奇"系列产品零售额高达 89.55 亿元人民币，为 eOne 带来了 7.41 亿元人民币的收入。2016、2017 年，零售额分别为 74 亿元人民币、81 亿元人民币。

借助"小猪佩奇"，eOne 在 2018 年全球 150 强授权商中，排名第 38 位。

"小猪佩奇"授权市场已覆盖 85 个国家，售卖超过 3000 万件玩具！它的正版衍生品和版权授权已经超过 800 项，拥有超过 1000 家的授权合作商，在中国有 80 多家，包括了联合利华、联想、富有联合食品。

2019 财年，eOne 授权的衍生品销售额达 25.2 亿美元，其中"小猪佩奇"达 13.5 亿美元，占比 53.6%。

2019 年 8 月 22 日，玩具巨头孩之宝以 33 亿英镑（约合 286 亿元人民币）现金收购了 eOne。给出这么高的价格，主要就是冲着“小猪佩奇”和 eOne 旗下另一个知名 IP“睡衣小英雄”来的，用于增强孩之宝的 IP 储备。

“小猪佩奇”出现在英国而不是美国，是有其道理的。

历史悠久的授权品牌比得兔就是在英国问世的，而美国的小熊维尼也源自英国作家 A.A. 米尔恩创作的漫画。天线宝宝、粉红猪小妹等著名卡通形象都出自英国。

英国是最老牌的资本主义国家，工业革命和英语母语的发源地，也是电视节目制作及播出历史悠久的国家，世界上第一个电视频道 BBC ONE 就于 1936 年 11 月 2 日在英国诞生，2001 年，BBC World 实现了电视制作播出的全球覆盖。

英国的幼儿动画和教育一直非常突出，不仅丰富多彩，涵盖各个年龄段，而且在设计理念和制作上有着独特的思路，寓教于乐，重视亲情、童趣和成长，是最重要的授权市场。这是英国授权经济的第一个特点。

《小猪佩奇》在中国的火爆，说明中国家长对于儿童娱乐/教育动画方面有很高的期望和需求，“小猪佩奇”授权产品的火爆也说明孩子和家长在衍生品消费上的巨大消费潜力，这值得中国动漫和品牌授权品味和反思。

服务业发达，授权业高度成熟，拥有完备的授权业基础设施和法律法规，严谨合规，这是英国授权经济第二个值得关注的特点。事实上，服务业（包括零售业）是授权业的支撑，这条规律同样适用于其他国家。

对比法国、德国、意大利等，英国在授权方面遥遥领先。

美国拉斯维加斯授权展是当之无愧的世界排名第一的授权展，排名第二的就是伦敦的欧洲品牌授权展（BLE），是欧洲地区规模最大、最具影响力的授权展。

英国主要的授权商有英国广播公司环球服务中心（BBC Worldwide）、HiT Eentertainment、eOne、迪士尼、版权推广授权公司（CPLG）、TLC和20世纪福克斯。

默林娱乐集团（Merlin Entertainments Group）成立于1999年，这是英国知名的优质家庭娱乐景点营运公司，也是全球第二大的旅游景点营运公司。

2005年，默林收购乐高公园（LEGOLAND Park），2006年，收购卡斯德尔诺游乐园（Gardaland），2007年，收购杜莎集团（Tussauds Group）。3年内，营业规模扩大10倍，展现了巨鳄超乎寻常的胃口。

它的业务分为短途景点、乐高乐园及主题公园度假区，旗下拥有乐高主题乐园、杜莎夫人蜡像馆、伦敦眼、海洋探索中心、加达云霄乐园及伦敦地牢等近20个优质景点品牌，分布在 4 大洲 23 个国家，超过 120 个环球游乐景点。

2018 年 5 月 17 日，世界主题公园权威研究机构美国主题娱乐协会（TEA）与第三方旅游行业研究及咨询机构美国 AECOM 集团联合发布了《2017 年全球主题公园调查报告》，数据显示，2017 年，默林娱乐集团主题公园入园人次达到了 6600 万，仅次于迪士尼。8% 的增长率，除了低于中国三家公司，是最高的。

这几年，默林娱乐集团看中了中国主题乐园快速增长的大趋势，加大了在中国的布局脚步，计划在上海、北京率先推出两个小猪佩奇的主题乐园。

除此之外，英国的纪录片、电视剧、大英博物馆、教育这些年来都很受中国消费者的欢迎。

第三节
狂热又严肃：日本授权经济

日本是名副其实的“动漫王国”，动漫产业已经成为日本第三大产业，动画已经融入日本人日常生活和血液。在日本，电车、拖鞋、杯子、面包、告示通通都能做成卡通风格，夸张一点儿说，如果条件允许，日本人会把整个日本装饰成可爱的卡通造型。

虽然相对于美国，日本动漫 IP 总量不在一个等级上，但日本 IP 授权行业依然世界领先。

东西方的差异，让美国和日本走上了两条不同的 IP 发展模式：

好莱坞一直着眼于创作源头的长线规划，追求全产业链。

日本形成了程序化的完整且独特的 IP 授权盈利模式，小，散，多，以动漫形象设计见长，高度重视版权输出，有成熟的海外市场盈利模式，IP 变现效率全球顶尖。一般而言，日本动漫产品播出环节与衍生品开发环节的利润比能达到 3:7，甚至高达 1:9。

20 世纪七八十年代，日本的家电、汽车曾经畅销全世界，风头盖过了德国、美国，“气吞天下如虎”。这之后，通过东京“广场协议”，美国一举打断了日本经济腾飞的势头，让日本进入了“停滞的二十年”（如今是“停滞的三十年”了）。

但是，“广场协议”没有打断日本动漫的“脊骨”。“美国占据了世界文化市场的一半，我们应该占据另一半”，再加上人口老龄化和少子化，“低欲望社会”的形成，日本政府开始全力推动动漫这项“新文化产业”，变“产品输出”为“文化输出”。

2003 年，日本政府成立了“知识财富战略本部”，正式把“新文化产业”确定为国家发展战略。2010 年，日本政府明确推出“COOL JAPAN”（“酷日本”）战略，第二次执政的日本首相安倍晋三对这个计划抱有很大的热情，出资 500 亿日元，投资了 24 个项目，希望动漫能成为日本新的经济增长点，引领日本迈向文化大国之路，重现辉煌。Hello Kitty、口袋妖怪等都在计划之中。

日本政府推动项目中惯犯的错误，在“COOL JAPAN”计划中一样也没少犯，闭门造车、官商利益输送和用人不当严重损害了“酷日本”计划，但这个计划依然收到了极好的效果：

日本的节目放送海外收入额，自2010年度以来逐年增加，到2015年度已达到288.5亿日元，比2014年度182.5亿日元增加58%，是2010年度91.8亿日元的4.4倍。从节目类型来看，日本动画贡献了绝大多数份额，占比高达76.6%。《龙珠Z》《机动战士高达》《樱桃小丸子》《哆啦A梦》《火影忍者疾风传》《名侦探柯南》《一拳超人》《海贼王》出力甚巨。

图4-9 各种日本动漫玩偶

原本计划2018年度实现的海外销售额200亿日元的目标，竟然提前三年就达成了，因此2017年，日本政府决定把2020

年的目标调整为500亿日元！

2017年，日本动画产业正式迈入了2万亿日元（约1200亿人民币）时代！并且，海外市场产值和国内市场产值已经基本持平，只差1700亿日元。这里面中国是大买家，甚至有中国资本开始进入日本，学习日本动画制作公司的商业组合策略，并制作日本风格的动画放到中国市场。当然，也出现了中国动画登陆日本的现象。

这就是日本授权的第一个特点：无比注重海外市场。

除此之外，日本授权经济还有几个显著的特点：

1. 日本人很愿意为周边产品花钱，尤其是成年人。

在日本，周边产品价格不菲。一个手办的价格基本在四位数，甚至更高。而前面的杂志连载、单行本、动画基本上不赚钱，更多的是起到了广告宣传的效果。日本动漫公司出售给电视台的动画片播映权，价格低廉甚至免费，只等周边产品来大赚一笔。

在日本，成年人动画是一块很大的蛋糕，要比低幼儿童更重要。这些年来，深夜动画和泡面番的流行就很能说明问题。

尤其突出的一点是，成年人也是可爱型IP的拥趸，普遍怀有一颗少男少女心，追求可爱和萌。在日本，你会经常看到年轻女白领午餐时间拿出的饭盒上面装饰着小熊维尼等卡通形象。成年人一方面在压抑沉重的工作中沉沦，另一方面又在奇幻甜蜜的动漫世界中徜徉，沉默严谨和充满少男少女心，这是日本成年人截然不同的两张面具。

这一点与欧美截然不同，而中国正在向这一方向发展，显示出欧美与亚洲审美的巨大差异。

在少子化和老龄化日益严重的日本，玩具商大力开发适合年轻人的玩具，这已经是常见的套路，这类玩具占了日本国内玩具市场总销售额的27%。

他们甚至挖空心思，将“X世代银发族”这些老年人也囊括进来。比如获得2018年交流玩具类大奖的“人生游戏Time Slip”，就是将20世纪的各种事物还原成等比例的模型，并且部分零件用的还是真实电器的回收材料，让老人仿佛回到了年轻时代。

对年轻人和老年人玩具的创意开发，十分值得中国文化创意人员注意和借鉴。

在动画IP授权方面，不少玩具渐渐“反客为主”，从附属角色成长为主力，动画反而沦为周边的附属。比如大家熟知的“高达”系列，它的创作者富野由悠季就坦白：“现在制作的高达动画就是为了卖手办。”《四驱兄弟》也是如此。这一点，我们在美国品牌授权历史中看到了类似的做法。

2. 日本版权方对于一手创作的IP形象如羽毛般呵护和爱惜，授权非常谨慎，必然经过慎重考虑和多方考察才会予以授权。

授权的同时会精细管控，作出清楚的定义和使用规范，明确哪些事能做，哪些事不能做，十分规范严格。尤其是食品，因为保质期普遍比较短，版权方很少对外授权，生怕毁掉辛苦造就的 IP 形象和价值。

阿里鱼在与《旅行青蛙》的合作中，日方对很多细节的呈现都有严格限定，保护 IP 原汁原味地呈现，不会被滥用。例如叶子用的颜色，青蛙和哪些动物能够出现在一起，日本版权方都有限定。因此，获得日方授权绝不意味着被授权商可以随心所欲地使用 IP 甚至有所发挥。

2013、2014 年，日本动漫 IP 被中国游戏公司疯狂扫货，像《海贼王》《火影忍者》《名侦探柯南》《新世纪福音战士》《光之美少女》《圣斗士星矢》《灌篮高手》《聪明的一休》《龙珠 Z》等众多 IP 基本都被签走了。

过热和盲从的后果是一些日本原创动漫游戏，由于国情的不同和思维的差异，在中国并未如期火爆，很难达到中国游戏公司的预期。冷静下来的中国游戏公司转而购买动漫核心 IP，自己开发。

中日对于游戏 IP 开发的差异体现得非常明显：

中国游戏公司会首先想到IP值多少钱，买断这个IP要多少钱，赚钱后如何分成，强调的是甲方意识，很希望采用“买断型”，一次性买断。

而日方更强调版权意识，担心品牌受影响，会希望把版权做好开发，然后再谈收入及收入分成，所以他们惯常采用的是“MG（最低分成金额）+分成”的模式，对于中方财大气粗“一口价”的谈判模式比较反感，基本不会同意。

而且，游戏IP往往不会独家授权，所以热门IP出现多方授权并不鲜见，日方会在推出的时间顺序和游戏类型上进行约束。不仅如此，日本版权方担心产品质量低下会影响品牌价值，基本上会参与手游的开发过程，全程监修游戏内容，甚至在角色语气、发型偏分方向等极致细节上进行把控。

不得不说，日方的模式明显更为成熟，更有利于游戏的长远发展。

3. 在日本，一个IP往往由多个版权方共同拥有。

日本人把版权分割得很细致，丝毫不乱。比如游戏授权，一个动漫IP会分为漫画版权、动画版权、剧场版权和周边版权。授权终端分为三种：主机（家用机）终端、PC终端和移动设备终端，每个终端都需要有独立的授权方可发行游戏。

版权如此分散，会不会对授权产生阻碍？

日本于是形成了一个授权委员会制度。一旦有授权需求，生产厂商只需联系到任意一家版权方，就可以开启谈判计划。日方会联合相关版权方，一同成立授权委员会，统一进行合作会谈和实际操作，提高厂商对接效率，迅速切入市场，缩短IP变现时间。

该委员会成员包括原版权持有者、动画公司、游戏公司、出版公司、周边商品公司、DVD公司以及电视台等方面，保证了各环节产品符号形象价值的统一。

甚至授权需求找上门来前，IP授权就提前考虑在内了。在动画企划阶段，玩具设计师就会与动画制作组进行沟通，对角色的形象及文化内涵进行设计，从下游被动走向上游主动，以求更加适应市场。

4. 日本对于版权的法律规定很严格。

为了让日本版权顺利走出国门，2002年，日本政府专门成立了一个日本文化产品海外流通促进机构，并与中国国家版权局签署了《中日版权保护战略合作备忘录（司局级）》。2010年初，日本政府颁布了新的著作权法。自10月1日起，根据日本最新修订的著作权法，从网络下载未经授权的音乐和影像文件，可能面临2年以下拘役或200万日元以下的罚款。

在日本，对于版权的保护已经到了事无巨细，甚至保护过度的境地。比如说，考试试题也会受版权保护，因此不经过大学方面同意，擅自出版考试题集，或者上传到网络，都是侵犯著作权。又如，上传菜肴照片也涉嫌版权侵权。在日本，菜肴也有著作权，没有经过餐厅同意随意拍摄，上传菜肴的照片，就会违反著作权。

所以，在日本很难买到假货，这也导致了前几年很多中国游客从日本疯狂购买商品。

这方面，迪士尼做得有过之而无不及。迪士尼公司拥有西半球最强法务团队，多达350人，2016年，首席法务的年薪为1147万美元。“地无分东西”，只要迪士尼认为侵犯了版权，就会变身蜜獾，不死不休。在韩国的一个综艺节目上，有人曾提问：“如果到了荒岛，怎么回来？”一个嘉宾回复：“在空地上画个大大的米奇老鼠，迪士尼会来找你打官司，就能得救了……”

这很严苛，也给授权从业者提出了很高的要求，但恰恰是授权经济良性发展的土壤。

5. 本国 IP 要强过外来 IP，进入日本的授权品牌发展周期要长得多，而且很困难。

导致这一现象，日本的国民性格占了很大原因。

日本人是这个世界上相当奇特的一个群体。他们做事讲究规则，按部就班，很多环节没人愿意承担责任，只求做好上传下达，如同传送带上的流水线工人，很难为了效率来改变既定流程，导致了效率低下，决策缓慢。但慢工出细活，也出精品。

日本国产动画已经甚为发达，导致国外动画IP很难在日本立足。日本人对于本国产品非常自信，那些外来IP想在日本立足，就必须根据日本的国情民情做出相应的调整，做好长期“战斗”的准备。

日本是世界上“长寿企业”最多的国家。在日本260多万家企业中，百年老店超过25000家。超过1000年的企业不但有，而且多达21家。在日本，百年老铺是没有资格说自己是“长寿企业”的。日本人更喜欢做出一个长期战略规划，而不是短期的投机。他们做的规划，短期为10年，中期为30年，长期是100年，涉及两三代人。这些世代相传的家族企业，更多的是严守核心业务，不做过多的扩张，将企业更好地传承下去，所以他们更重视长久积累的信赖关系，形成牢固的稳定合作。在日本，要想把授权做好，就一定要重视达成长久的信任合作关系。

几十年前，日本开始进入老龄化和少子化阶段，经济发展缓慢，甚至很多行业都面临着缓慢衰落。但这并不妨碍日本在授权方面的出色。

日本授权展是日本最大的形象和品牌专业授权商贸展，也是全球最专业的形象和品牌授权展之一，目前已经举办到第八届。2018 年，共有全球 300 多家参展商的 1000 多个热门形象和品牌参会。

作为授权经济的下游，日本玩具市场已经是连续 4 年稳定在 8000 亿日元及以上（根据日本玩具协会公布的《2017 财年日本玩具市场报告》）。

在日本，超过 5 万家的便利店是授权经济的重要阵地，这又是一个很突出的特点。

除了大家熟悉的 7-11、Lawson、Family Mart 外，还有日本本土的 sunkus、mini stop、Daily Yamazaki 等便利店连锁品牌。生活当中的绝大多数需求：美食，日用品，美妆品，手办礼物及日常办理事项，出售演唱会门票，收发快递，提供厕所……进一趟便利店就可以解决。便利店的极大丰富，也是日本电商发展缓慢，类似支付宝的移动支付迟迟无法普及的重要原因。

我们无法把所有日本授权品牌都列出来，只能挑出几种做简单的介绍。

“人人都爱蓝胖子”：哆啦 A 梦

从 1969 年藤子·F. 不二雄开始连载漫画以来，《哆啦 A 梦》

共创作了超过 1300 部短篇作品。至今，哆啦 A 梦的电影受众群体依然保持年轻而且足够下沉，证明了哆啦 A 梦这个 IP 具有跨越时空的神奇魅力。

2002年，哆啦A梦被美国《时代》周刊评选为“亚洲英雄”。它不仅是获得该荣誉的唯一虚拟人物，也是唯一走进《时代》周刊的日本动漫人物。

2008 年 3 月，哆啦 A 梦成为日本首任“动漫文化大使”。

2013 年，国际奥委会第 125 次大会上，经过投票，日本东京力压西班牙马德里、土耳其伊斯坦布尔，成为 2020 年夏季奥运会的主办城市。哆啦 A 梦作为本届东京申奥的另类宣传大使，功不可没。

2016 年，在“日本品牌调查 2016”中，哆啦 A 梦在全球好感度达 34.4%，独占鳌头，其次是精灵宝可梦（23.3%）和 Hello Kitty（22.4%）。

从 1980 年开始，每年都会推出一部哆啦 A 梦电影。2015 年，首部 3D 哆啦 A 梦动画电影《哆啦 A 梦：伴我同行》在大陆狂扫 5.3 亿元票房；2016 年，《哆啦 A 梦：新・大雄的日本诞生》票房 1 亿元；2017 年，《哆啦 A 梦：大雄的南极冰冰凉大冒险》票房 1.5 亿元；2018 年，《哆啦 A 梦：大雄的金银岛》票房 2.1 亿元（在日本本土获得了 53.7 亿日元的票房，打破了哆啦 A 梦电影的纪录）。

4年总计约10亿元票房，算不上爆品，但在相应的衍生品市场，每一次电影上映都会给周边产品带来一波销量，并创造出新鲜的哆啦A梦形象，保持曝光度。《哆啦A梦：大雄的金银岛》电影上映后，与肯德基合作推出哆啦A梦海盗形象。与肯德基开展的“金银岛电影套餐”活动，几百万批次的衍生品在半个月内售空。

目前，哆啦A梦的被授权客户接近200家，在中国的授权商品年销售额保持在十几亿到二十多亿元。

一只熊拯救了一个县：熊本熊

2011年，日本吉祥物总选举的第二届，来自熊本县的熊本熊一举夺魁。这只行动笨拙，内心贱萌，原本是为迎接九州新干线通车并增加地方人气而推出的熊，以惊人的速度火遍日本并走向全球，火热程度甚至超过萌物界的前辈Hello Kitty和哆啦A梦。

这不只是一只玩具熊，更是一只“招财熊”。2016年，熊本熊相关商品的销售额达到1280亿日元（约74亿元人民币），这一数字在2017年刷新到1408.742亿日元（约82亿元人民币）。这还没算上因为喜欢熊本熊，大量游客涌入熊本县，由此带动的文旅收入。要知道，作为一个农业县，熊本县既没有突出的资源，又缺乏独特的历史文化支撑，在日本存在感很低，旅游资源更是匮乏，如今创造出了熊本熊这个独一无二的二次元 IP，旅游观光业就屡创纪录。

2018 年，熊本县宣布自 1 月 8 日起，将允许海外企业制造和销售该县吉祥物“熊本熊”周边商品，授权费用是零售价的 5%—7%（日本商品授权的版税率一般是零售价的 4%—5%，熊本熊的 5%—7% 价格并不低）。这对本地的熊本熊制造商和销售商造成冲击，引起了当地人的反对，但长远来看，熊本熊将会更便捷地在海外大显身手。

可爱经济学：Hello Kitty

要说日本最著名的猫，除了哆啦A梦，当仁不让就是Hello Kitty了。这只有大大的脑袋圆圆的眼睛又嗲又可爱的卡通猫猫，“让每个人见到它就能得到安慰”，40多年来，不知俘获了多少孩子和少女的心，长盛不衰。

1974 年 11 月 1 日，没有嘴巴，脸蛋圆圆的，左耳上扎着一个蝴蝶结，还有一截小尾巴的 Hello Kitty 诞生了。Hello Kitty 住在英国伦敦近郊小镇的别墅，是座红屋顶两层高的小白屋，离伦敦市中心 20 公里。Hello Kitty 生活在一个和睦、开心的家庭中。

1976 年，日本 Sanrio（三丽鸥）公司正式获得了 Hello Kitty 品牌的经销权和所有权。从此，Hello Kitty 开始了它传奇的经历，三丽鸥也借着 Hello Kitty，开始了它的辉煌之路。

三丽鸥公司起源于日本的小礼物文化。这跟日本民众的沟通方式有关，节日小卡片等有着非常大的市场，这种情况直到今日依然如此，可以被视作生活必需品。中国也有赠送小卡片礼物的做法，但远没有日本那么狂热。

到了 20 世纪 90 年代，Hello Kitty 先后经历三次形象升级，固定下来，开始了蓬勃发展。

图 4-10 日本火车头上的 Hello Kitty

2009 年之前，三丽鸥采用的是“自产自销”模式，Hello Kitty 只能在三丽鸥的商店中买到，明珠暗投，只给三丽鸥带来微薄的利润。这之后，新的经理人改弦更张，开始有计划性地将 Hello Kitty 的 IP 在全世界进行授权，迅速扭转了之前的局面，效果立竿见影。2013 年，三丽鸥亚洲盈利达到了 43 亿日元（约合 2.6 亿元人民币），比 2012 年度增长近 5 成。分析师估算，2014 年三丽鸥 1.42 亿美元的利润中，有 75% 来自 Hello Kitty。

如今 Hello Kitty 授权给了全世界超过 15000 家厂商，生产了约 5 万件商品，总共达到约 65 亿美元的销售额。这也让 Hello Kitty 成为世界第六大授权商。三丽鸥公司称，只售卖 Hello Kitty 的衍生品，一年就能达到 50 亿元人民币！

第五章

后来者：中国动漫授权经济

第一节
从 0 到 1：中国动漫授权的起步

在 2019 年全球授权商品 2928 亿美元的零售额中，特别值得关注的是中国，中国授权商品零售总额达到了 992 亿元，比 2018 年增长了 15.9%。虽然总量仍然排在美国、英国、日本、德国之后，但其增长速度却位于前列。明眼人都能看出，在中国，授权产业还是一个方兴未艾的有着巨大发展空间的朝阳产业。

中国品牌授权产业一直是卡通动漫独占鳌头，因此我们接下来就以中国动漫授权为主线索，看一下中国动漫授权经历了哪些过程，这中间有哪些教训可以吸取，有哪些经验可以总结。

总体来说，中国动漫历程相当艰辛，几经起伏，从辉煌到衰落，再到重新起步，耗费了 80 年时间。中国动漫授权也经历了从无到有、从混乱到有序的过程。

1941 年，万氏四兄弟（万籁鸣、万古蟾、万超尘、万涤寰）精心打磨的动画片《铁扇公主》在上海滩播出，立刻轰动了大上海。

这个时间点，迪士尼也不过刚刚起步。《铁扇公主》是继美国的《白雪公主》《小人国》和《木偶奇遇记》之后的第四部大型动画艺术片，充满了浓郁的东方浪漫色彩，完全可以跟美国动漫并驾齐驱。

1961 年，已经身属上海美术制片厂的万氏兄弟拿出了彩色动画长片——《大闹天宫》（上部），在画面和音乐上达到了当时世界顶级制作水准，先后获得了世界范围内的六项大奖，被外媒评价为“完美地呈现了中国的传统艺术风格”。

中国第一部水墨动画电影《小蝌蚪找妈妈》，获得瑞士洛迦诺国际电影节短片银帆奖、法国阿讷西国际动画电影节短片特别奖。

经过“文革”十年的停顿，中国动画恢复了活力，有人甚至称这个时期为“中国动画的白银时代”，一大批优良的动画片上市：

《哪吒闹海》

《天书奇谭》

《阿凡提》

《三个和尚》

《鹿铃》

《南郭先生》

《猴子捞月》

《鹬蚌相争》

《崂山道士》

《山水情》

《葫芦兄弟》

《邋遢大王奇遇记》

《黑猫警长》

…………

这里面特别值得一提的是《黑猫警长》，这是20世纪八九十年代中国少年的集体记忆。这部仅有5集的动画片，竟给了孩子们足有几十集的感觉，可见国产动漫的稀缺以及中国儿童对动漫的热爱。如果《黑猫警长》继续拍摄下去，它有相当大的可能成为“中国版的哆啦A梦”，会有持久的动漫授权以及数不清的周边产品。

这个阶段，中国动画丝毫没有品牌授权的概念，动画片仅仅是单纯的动画片而已，几百个IP就那样静静地躺在上海美术电影制片厂的仓库里蒙尘。直到2015年《黑猫警长》大电影上映以及官方授权的主题咖啡馆2017年在上海迎来顾客，

“孙悟空”“葫芦兄弟”慢慢复活，被应用在冰箱贴、笔记本、马克杯等200多种周边产品上。不过时过境迁，“青春”蹉跎了这么多年，留给它们的市场空间已经不大了。重启的新版《葫芦兄弟》《海尔兄弟》与《黑猫警长》命运类似，难续辉煌。

1981年，日本动画片《铁臂阿童木》进入中国市场。此后又有《聪明的一休》《蓝精灵》《米老鼠》《唐老鸭》等国外动画片涌入，给中国动画产业造成极大的冲击。

1991年，中国小朋友通过中央一套认识了《机器猫》。它是一只来自22世纪的猫型机器人，来帮助小学生野比大雄解决生活中的困难。这个爱吃铜锣烧的蓝胖子总能从口袋里掏出各种奇妙的道具：时光机、竹蜻蜓、任意门……谁都希望自己也能有这样一个神奇的朋友，来守护像大雄一样平凡的我们。哆啦A梦很快占据了中国小朋友的心，成为陪伴他们童年的最好伙伴，给他们带来热血、激情、感动和温馨。

这之后，日本动画疯狂输入，《北斗神拳》《龙珠》《美少女战士》《圣斗士星矢》等IP形成“日漫龙卷风”。

这时期，中国动画人才大批流失，技术逐渐落后，国产动画品质出现了明显的下降，跌落尘埃，而水墨、剪纸、木偶动画这些“中国风”也很遗憾地断代，近乎失传了。以至于到了1998年，中国传统文学IP“花木兰”被万里之外的迪士尼搬上荧幕并取得巨大成功，许多中国动画人困惑了，开始反思为什么中国的古老IP被迪士尼拿去，便成了风靡全球的知名动画，而中国守着那么多素材，“有米下锅”，多年来却“无饭果腹”，只能看日本和美国的动画。

中国IP授权市场的起步也就是从20世纪90年代开始的，由以迪士尼为代表的外企推动，经由香港这个中转站，从东南沿海展开，米老鼠、小熊维尼等西方著名IP开始进入中国人的视野。

2000年，一次针对北京、上海、广州的青少年调查显示：14—17岁这个年龄段，每月花费54元用于卡通周边产品消费的，占比为56%。不过这些品牌授权的收入基本都被外国IP（如米老鼠、皮卡丘、Hello Kitty等IP）和盗版商拿走了。

在这个起步阶段，一方面，我们看到了可喜的发展，另一方面，它又充满了“混乱无序”，一波三折，不可避免地出现了许多问题。

最严重的问题在于，那时候的中国被授权商和生产商对于品牌授权的了解近乎空白，他们有意无意地认为既然已经支付了授权费用，就可以毫无顾忌地用品牌做任何事情：他们有的不提交产品审核，有的生产销售未被授权产品，还有的将本应只在中国大陆销售的产品销往海外市场，造成窜货，甚至有的支付完预付款后就再也没有下文了，种种不规范行为导致授权商不得不大幅提高预付款，甚至要求提前支付最低保证金，以适应中国特色的一次性买断。很多被授权商甚至认为，把卡通形象印在产品上，难道不是应该向产品方支付广告费吗?

而侵权盗版的问题更是肆无忌惮，随意盗用卡通形象用于自家产品的比比皆是，堂而皇之，直接吓跑了不少授权商。

这个阶段，中国动漫终于在外国动漫的巨石压迫下，颤巍巍地冒出了几棵新芽，让人看到了中国动漫的一线希望。

这里面就包括我们下一节要讲的《蓝猫淘气三千问》。

第二节
为山九仞，功亏一篑：以蓝猫动漫授权为例

很多人对《蓝猫淘气三千问》（以下简称《蓝猫》）还留有很深的印象，它陪伴了无数“90后”度过了童年，开启了“90后”对科学和未知的好奇。

《蓝猫》的一大特点在于它特别长。有多长呢？4000多集，还曾拿下世界最长动画片的吉尼斯世界纪录。

毫无疑问，这是当时中国最火的动画IP。2001年，包括央视，全国有1000多家电视台在播出《蓝猫》，极度火爆。相应地，它的品牌授权也快速崛起，一二三四线城市乃至县镇都有蓝猫授权产品的身影。从其发展趋势看，蓝猫甚至有可能取代米老鼠，成为中国动漫领域的第一。当时市场对于蓝猫的品牌价值估算，是1000亿美元！

以国际经验来看，衍生品开发才是动漫产业盈利的重点，动画片播出只占其回报的 20%—30%，衍生品占 70%—80%。蓝猫之前，中国动漫基本没有品牌授权的先例，蓝猫在这方面做出了探索，可惜功败垂成。

不到一年时间，蓝猫代理商发展到180多家，专卖店达到2600多家，拥有全国范围内的12家区域销售公司，经营蓝猫衍生品的地级代理覆盖了全国315个地级市，占全国地级市的95%，衍生产品几乎涵盖了食品、服饰、玩具、日化、图书等几十个儿童消费品领域。2005年前后，蓝猫仅品牌授权每年的收入就在1600万—1800万元，加上出售衍生品的收入，每年在4000万元左右，并且年收入呈上升态势。2006年，《蓝猫》国际版权收入为163万美元，数年下来，累计总收入约550万美元。

形势一片大好中，蓝猫犯下的错误导致危机也在不断逼近。

第一个错误是在授权范围上。

他们不知道，品牌形成之后，便有了比较固定的阈限，延展度就基本确定了，一旦踏入与品牌关联性较远的领域，消费者就不会认同此品牌，甚至产生抵触，而且会对品牌产生极大伤害，造成品牌价值贬值，这叫作品牌延伸陷阱。蓝猫的主要消费群体是儿童，所以食品、服饰、玩具、日化、图书等领域的授权还是比较适合的，但是保健品的水很深，很容易出问题。

2004年4、5月，蓝猫授权的保健品终于“暴雷”了。部分省份经销商的蓝猫保健产品因没有“健”字审批，不符合规定，被当地卫生部门查封，很多经销商试图退货退款，无果。他们找到蓝猫总部，依然没有结果，蓝猫总部声称此事与己无关。这件事情给蓝猫授权蒙上了厚厚的一层阴影，是蓝猫品牌授权崩盘的开始。

第二个错误，是蓝猫公司对于品牌授权没有严格的规划，授权过滥，几乎给钱就能开店，而不管被授权方之间是否存在同一领域竞争。

比如在食品饮料领域，蓝猫先后授权给了 5 家公司，出现了 2003 年秋季糖酒会“五猫齐聚”的奇观。这就造成了混乱，不仅同类产品五花八门，价格也是参差不齐，实际上造成了价格竞争，利润大幅缩水；同时，价格竞争必然带来质量的下降，这又从根本上损害着品牌。

第三个错误，是蓝猫没有对飞速扩张的授权产品进行严格的品控。那些授权产品很多都是义乌批量生产，简单贴牌后就销往全国。根据调查，当时市面上近 80% 的蓝猫授权产品出现了质量问题。可以说，是蓝猫公司没有把控好授权产品的质量，自己毁掉了一手培育的蓝猫 IP。

雪上加霜的是，盗版很快盯上了蓝猫，假冒的光盘、图书、童装、文具随处可见。那些年，大众对于盗版的认识还很低，立法也不健全，假货泛滥严重，正版却往往无可奈何。蓝猫公司试图打假，却疲于奔命，收效甚微，只能眼看着假蓝猫遍地泛滥。

2013 年，蓝猫公司已经停止了制作新内容，开始转型，开发现有 IP，新开了动漫体验馆，并试图与地方政府合办动漫风情小镇。

这之后，《蓝猫》虽然没有销声匿迹，断断续续地获得各种荣誉，但已经只是余烬了。

今天回顾起来，我们会对《蓝猫》的“夭折”感到惋惜，不过如果从历史的角度考虑，我们就会发现，蓝猫的失败还有外在的原因，那就是当时动漫产业面临的营收困境。蓝猫先天不足的病因其实早就扎根在中国动漫的落后环境里。

动漫是一个烧钱的行业，当时国内动漫的营收模式是这样的：蓝猫制作了动漫出售给电视台，但是电视台给出的收购价格极低，或者干脆用广告时间来抵。问题是动画片的广告时段并不是黄金时间，很难吸引广告公司投放。这给了蓝猫非常大的生存压力，一边是电视广告无人问津，一边是动画制作不停烧钱，每月都在“等米下锅”。于是，蓝猫不得不走上品牌招商的路子，把广告时间用来招加盟商，播放被授权商的广告。

就这样，蓝猫不得不同时成为广告公司，成为加盟店产品设计公司，成为品牌管理公司。对一家动漫公司来说，这是无法背负的重担。不得不做，却又做不好，如同小孩抡大锤，最终头破血流。相比于日本以及欧美国家的动漫制作产值与授权值平均为1∶10，动漫产品的收益大部分来自后续的品牌授权，中国动漫的品牌授权还在为生存挣扎，甚至不得不饮鸩止渴。

简而言之，2005年前，“一团乱麻”是中国授权市场的常态，“荒芜”才是这个阶段国产动漫授权的真实写照。

2004年，财政部、广电总局、税务总局等多个部门陆续颁布规定，以税收优惠和补贴大力扶持国产动画。这极大地推动了中国动画的发展，却又引来了相当多动画公司为了骗取补贴，粗制滥造乃至大量抄袭。

仅仅过了5年，2009年底，中国已成立了22个动漫产业基地，国产动画片从2006年的8万分钟增长到2010年的385部共220530分钟，中国取代日本成为世界第一动画生产大国。但是被快速催熟的中国动画行业仅仅是数量上的突破，这几年究竟制造出了多少有品质有竞争力有影响力的动画，要打一个大大的问号。

2005年，国家为扶持国产动漫行业，广电总局鼓励各级电视台在黄金时段播放优秀国产动画片。《喜羊羊与灰太狼》

乘势而上，甫一上映，就吸引了小朋友的眼球，令其欲罢不能，当年就在全国 50 多家电视台热播。

之后 3 年间，《喜羊羊与灰太狼》累计播出 500 集，成为国产第一动画品牌。

“喜羊羊”的衍生品和消费品开发权由动漫火车拥有（喜羊羊主创控股），其电视以及电影的内容版权归原创动力文化传播有限公司所有。从这里我们看到，中国动漫和动漫品牌授权有了一个非常好的分工与合作，二者既相对独立，又保持密切关联，这就改变了蓝猫动漫创作与品牌授权混作一团的严重弊端，走上了正轨，也让《喜羊羊与灰太狼》的动漫一直顺利做到今天。

2009 年 1 月，喜羊羊第一部大电影《喜羊羊与灰太狼之牛气冲天》在春节期间上映，票房是破纪录的 8621 万元。更让人惊喜的是，这部电影在中国香港、中国台湾、新加坡等地都有播出，是中国动画及其授权产品第一次走出国门。2010 年，迪士尼成为该动画片的主要被授权商，这也是中国卡通品牌第一次成为迪士尼形象品牌的一部分，可以说是迈出了至关重要的一步。到 2018 年《喜羊羊与灰太狼》已在澳大利亚、印度和美国等 100 多个国家和地区发行。至于下游的品牌授权，到 2015 年，《喜羊羊与灰太狼》贡献的周边收入已经有 10 亿元！

《喜羊羊与灰太狼》的成功鼓励了更多的动画制作公司蜂拥而来。在政府政策和资金的大力支持下，中国动画产业迎来了春天，广东、湖南、江苏、浙江、安徽等地大力发展扶持建立动漫基地。这几年，是中国动画产业发展最快的时期。

国产动画 IP 授权随之而起，迎来了大发展，IP 授权的意识开始慢慢被生产者和中国民众了解并接受。

2006—2008 年，是内地企业参与 IP 授权的第一个集中爆发期。

2007 年，中国有了自己的授权展——“中国授权展”，全球 120 个国家的 3 万多名产品授权及市场营销相关人员参加了这次博览会。同时，依靠庞大的市场，“中国授权展”也是亚洲最大规模的授权展。

第三节
2010年后：当授权成为常态

这段时间，美国、日本动画在继续飞奔。

2008年，又一个中国形象熊猫被美国梦工厂拿走，《功夫熊猫》系列让中国观众和动漫从业者看到了，原来动画还可以这样拍。

时间跨进了2010年，我们终于看到了国产动漫授权整体步入正轨。

2012—2016年，国产动画电影增长非常可观，5年间，动画电影总数年均增长率为11.1%。在技术方面，中国动画人用三四年的时间走完了美国10年的技术发展历程，《龙之谷》《秦时明月》《西游记之大圣归来》《白鸟谷》《大鱼海棠》的动画效果已经不输于国外动画，难能可贵，大振人心。

2012 年 1 月，《熊出没》登陆央视少儿频道，先后覆盖全国 200 多家电视台、网络平台。

虽然成绩喜人，但《喜羊羊与灰太狼》和《熊出没》在创作内核上还是暴露出了一定问题。

但大家能感觉出《熊出没》正在努力突破传统的桎梏，尤其是《熊出没》电影。因为它是比《熊出没》电视动画涵盖的群体更广，偏向成人、儿童皆宜的合家欢电影，所以更为成熟。每年更换一个主题，正能量的内核，趣味性故事，都下了很大功夫，做到儿童愿意看，有启发，大人看了也有触动的程度。虽然有些地方略显生硬，但亲情、友情、勇气、寻找自我这些人类最基本的感情，同样能拨动成年人的心弦，令人感动。角色塑造上，《熊出没》电影突破了以往“非黑即白”的刻板模式，角色更有深度，更为复杂，更贴近现实生活。可以说，《熊出没》电影重新定义了中国“合家欢”电影这个概念。

在制作水准上，《熊出没》电影的品质已经接近好莱坞动画，故事新颖，形象饱满，画面精良。

所以，对比《喜羊羊与灰太狼》“腰斩”的命运，这些年来《熊出没》热度不降，反而有所提升，不仅是一个热门 IP，更是一个有持久影响力的 IP。

2014 年起，《熊出没》推出院线大电影，第一部《熊出没之夺宝熊兵》坐收 2.47 亿元票房，创造了国漫动画大电影的新热潮。

2015 年，《熊出没之雪岭熊风》，票房 2.94 亿元。

2016 年，《熊出没之熊心归来》，票房 2.87 亿元。

2017 年，《熊出没 · 奇幻空间》，票房 5.21 亿元。

2018 年，《熊出没 · 变形记》，以“亲情”为主题，票房 6.06 亿元。

2019 年，《熊出没 · 原始时代》，以“勇敢”为主题，再次打破纪录，票房 6.98 亿元（截至 2019 年 2 月 27 日）。

6部《熊出没》大电影，总票房共计24.05亿元，成功打败“喜羊羊与灰太狼”系列，成为中国本土动画片的最大IP。

不过，这都没有“熊出没”衍生品赚钱。

2014 年，“熊出没”衍生品的年产值就超过了 20 亿元，2017 年已经突破 25 亿元，衍生品有 3000 多款，有 200 多个授权商，同时还在打造“熊出没”主题乐园和小镇。

国内除了《熊出没》这个长线 IP 外，还没有其他同等量级本土 IP 出现。《熊出没》这个 IP 与方特乐园互相促进，效果极好。

从这里来看，“熊出没”是最贴近迪士尼模式的，也难怪方特乐园被称作“本土迪士尼”，名下无虚。

讲到这个阶段中国动画的发展，就绕不过一家玩具和动画公司——奥飞动漫。

这是1993年成立的一家中国本土动画公司，创始人蔡东青以一台注塑机仿制大喇叭玩具起家，抓住了国产动画衰落，日本和美国动画大举进入中国，以及中国当时版权保护一片荒漠的机会，完成了原始资本积累。1997年，奥飞引进了日本动画片《四驱兄弟》，借鉴日本和美国动画的模式，开始了“动漫+玩具”在中国的尝试。

这种颇有眼光的模式，让奥飞很快脱颖而出，陆续拥有了一批经典动漫IP——“铠甲勇士”“巴拉拉小魔仙”“超级飞侠”“爆裂飞车”“火力少年王”等，并通过收购，获得了“贝肯熊”“功夫料理娘”“雷霆战机”“刺客信条”等IP，在中国低幼儿动画领域获得了大量市场份额，是无可争议的“领头羊”和首屈一指的动画IP授权公司。

尝到了“动漫+玩具”的甜头后，2004年，新成立的奥飞文化出品了《火力少年王》系列动画片，悠悠球成为继四驱车后的新国民玩具。10年里，奥飞的悠悠球累计销售超过1亿只，累计销售额达60亿元，位居中国潮流玩具单品之最。

2009年奥飞上市，号称“中国动漫第一股”，开始了在ACG（动画、漫画、游戏）领域的资产布局。

到了2013年，奥飞动漫以5.36亿元的价格，收购了“喜羊羊与灰太狼”品牌。从 2009 年开始，《喜羊羊与灰太狼》系列大电影以每年一部的速度在春节档推出，到 2015 年，共拍了 7 部，累计票房超过 10 亿元。

2015年，奥飞又以9亿元的价格，收购了当时最大的国产原创漫画平台“有妖气”，一举从K12（适合12岁以下儿童观看的动漫作品）领域扩展到了全年龄段。当时的“有妖气”号称“中国最大的动漫IP金矿”，上面活跃着一大批年轻动漫粉丝，拥有《十万个冷笑话》《端脑》《雏蜂》《镇魂街》等成名IP，平均每月被800万以上用户点击，有4万部以上漫画作品，超过17000名漫画家常驻，月更新漫画达6万页。

“有妖气”是一座不折不扣的金矿。据奥飞 2018 年半年报，“有妖气”已有 2700 多万注册用户，连载漫画作品超 5 万部。前几年迪士尼花大价钱收购了皮克斯和漫威，如今相似的一幕发生在奥飞身上。外界也称其为中国版“迪士尼收购漫威”。

拥有了“有妖气”，奥飞从上游到下游的“动漫 IP 制作”“影视”“游戏”“周边行业（授权、玩具、乐园等）”多业态矩阵将最终成型。

更关键地，这是奥飞面对互联网 BAT 的“入侵”的“自救行动”。这个时间段，庞大的 BAT 已经盯上了授权行业，再晚一段时间，“有妖气”必然成为 BAT 的囊中之物。

这些IP预计会给奥飞带来丰厚的利润回报（奥飞的设想很

美好，可惜最终“有妖气”在奥飞并没有下出金蛋，与奥飞成了一对怨偶。不过当时奥飞雄心勃勃，怎么也想不到后来会进退不能，焦头烂额）。

到2018年，奥飞已拥有超200个来自国内各行业的一流授权客户，海外授权客户数量也超过200个，涵盖了法国、意大利、西班牙、葡萄牙等国家和地区。

奥飞的《超级飞侠》推出以来，国内全网点击量超250亿次，已在全球130多个国家和地区播出，成为中国首个入围国际艾美奖儿童奖的动画IP，获得金龙奖等业内一系列奖项，是全国学龄前板块最火爆的动漫之一。2016年，超级飞侠玩具累计销量超过3000万件，而包括授权商在内的相关消费品全球销售额已逾10亿美元。

2018年3月，奥飞又拿下了“小猪佩奇”的授权。

《小猪佩奇》以“社会人”梗在内地的突然爆火，让这一形象的商业化开发进入了快车道。明眼人都能看出，谁拿到“小猪佩奇”的授权，谁就能收获巨量的利润。

《小猪佩奇》的英国版权方eOne宣布，与奥飞娱乐展开合作，奥飞娱乐将开发小猪佩奇IP授权下的主题玩具系列，包括玩具组合、角色塑像和角色扮演玩具等。

这是奥飞继“喜羊羊与灰太狼”后拿下的又一个重要IP。

2015 年 7 月 10 日，《大圣归来》异军突起，最后一举拿下 9.57 亿元票房，创造了国产动画票房的新纪录，很多人猛然发现原来除了《喜羊羊与灰太狼》《熊出没》，还可以有这种全年龄动画，将其视为“国漫崛起”的希望。

与票房火爆、口碑爆棚对应的，却是众多粉丝欲求周边不可得，甚至只能自己设计周边产品的窘迫局面。

其实，《大圣归来》是有周边产品商的。一家新成立的名为“娱猫”的娱乐电商创业公司以千万元投资《大圣归来》户外硬广宣发，换取了《大圣归来》6 年的周边产品独家授权。

包括出品方，乃至被授权商，都没有想到《大圣归来》会成为暑期电影市场最大的“黑马”，以至于周边产品严重缺席，错失了商机，粉丝想买周边产品竟然无处可买。“娱猫”经验不足，没有想到这部电影的主要粉丝是年轻人，制作的周边产品不够精致，令粉丝们不满。摸错粉丝脉门的后果就是众多粉丝亲自动手设计周边产品。

《大圣归来》的出品方对此不太在意。从筹划到上映的 8 年里，他们几乎用一半的时间苦苦寻找投资，只求电影顺利完成并上映。在这种窘迫的情况下，出品方根本无心兼顾周边产品的开发，对于周边产品，他们坦陈：“对衍生品的开发并没有寄予太多期望。现在我们只是在做电影本身，争取票房，电影本身都没做太好，能火只是一个偶然的事情。”“有人帮你做衍生品开发已经很不错了。”

电影上映十几天后，《大圣归来》和“娱猫”才亡羊补牢，在天猫进行了周边产品众筹活动，堪称火爆，仅一天时间，其众筹金额就有 1180 万元。

《大圣归来》与天猫众筹的实验性合作能够成功，被授权商的精心挑选起到了很大的作用。天堂、晨光、膳魔师、乐扣都是质量有口皆碑的知名品牌，深受电影粉丝的信任，取得了两两相宜的良好效果，给后来的电影授权做了榜样。

错失先机，《大圣归来》的衍生品销售总算亡羊补牢。也令人扼腕叹息，若是经验充足，提前规划，精心制作，《大圣归来》的衍生品销售原本应该跟它的票房一样大放异彩才是。

2016年，筹备了12年、多次跳票的《大鱼海棠》终于上映。精良的画风，别扭的剧情，中二的人物，让《大鱼海棠》在一片争议、批评声中（豆瓣评分只有6.6分）止步于5.65亿元票房，令人惋惜。但值得称道的是它在周边授权做出了突破性的尝试，甚至有业内人士称比电影本身要靠谱。

相比于《大圣归来》授权的不成熟，上映两周后才开始售卖周边，《大鱼海棠》的周边产品授权要成熟得多，电影上映首日便同步发售。

阿里鱼从版权方光线传媒和彼岸天拿到了《大鱼海棠》

的线上独家授权，将授权分发给各大厂商，并通过天猫、聚划算、淘宝众筹等阿里系电商平台售卖100多款产品，涉及12个品类35个品牌，一共162件衍生品，可以说衣食住行无所不包：

美妆：阿芙精油、百雀羚、一叶子、京润珍珠。

服饰：LETSTEE 男装定制印花 T 恤、内联升男女鞋。

家具：墙蛙、仟象映画。

珠宝饰品：京润饰品、王的手创、kukroc 吊坠饰品、内秀定制眼镜戒指。

母婴：漫踪毛绒玩具等。

居家日用：罗莱家纺、天堂伞、vatiri 餐饮具。

玩具：乐立方、班门乐府木质手办。

乐器：TNG 陶笛。

零食：三只松鼠、谢裕大、知味观、竹叶青、coookie9。

3C：亿觅移动电源、奇域定制手机壳自拍杆。

文具：好东西定制手枕、echo life 文具笔记本贴纸。

专业操作、精心准备的结果是：百雀羚“大鱼海棠”衍生品首发两日，便有了 250 万元的销量；天堂伞有 120 万元的销量，也超过了之前《至爱凡·高：星空之谜》周边的众筹。上映两周后，《大鱼海棠》衍生品销售总额就超过了 5000 万元，拿下国产动画电影有史以来衍生品销售的最高纪录。

在日本和美国品牌授权成熟的市场，电影票房基本上占30%，衍生品收入占70%，而国内动漫产业电影票房往往占整体收入的95%，授权衍生品则仅占5%，《大鱼海棠》这次的授权合作是不错的典范和开端，给中国动漫IP授权打开了一扇新的大门。

但问题也是显而易见的。

相比其他手办，《大鱼海棠》的周边产品创意和质量基本上都属于中上档次，并没有降低《大鱼海棠》的格调，但不少粉丝对周边产品高昂的价格颇有微词。

如同嗜血的鲨鱼，盗版侵权迅速盯上了《大鱼海棠》周边，以惊人的速度仿制了正版周边产品，在网络平台上进行销售。据统计，在国内的电影衍生品市场上，盗版产品能占到80%!

这还不是最致命的，最致命的是“单薄的剧情”严重影响了周边产品的生命力，使其成为昙花一现。“故事不好看”也是这几年中国动画最大的症结，原本被寄予厚望的《小门神》《风语咒》都是因此高开低走。

而回顾国外经典授权，迪士尼周边长盛不衰，Hello Kitty已经“65岁高龄”了，依然不断俘获全世界少女的心，机器猫也在观众心中盘踞了40年。这才是授权周边与动漫IP相得益彰、互相成就的典范。

中国的动漫IP授权要达到这样的高度，还需要几十年的时间。

2015年，《捉妖记》以24.38亿元登顶2015年华语电影票房总冠军，打破当时的中国电影史票房纪录，刷新和创造了200余项票房新纪录。但不客气地说，在衍生品方面，他们做得就不及格了。

因为忙于电影制作和重拍，出品方明显没有重视《捉妖记》的衍生品市场，没有提前考虑进行胡巴相关衍生品的开发。

合法授权的周边产品滞后，直接导致影片上线后观众想买衍生品而无正版可买，盗版周边于是满天飞。淘宝上可以看到各种类型的胡巴，明显就是假冒侵权产品。有意思的是，很多人出席电影宣传活动时，拿着盗版公仔去找导演许诚毅签名，令许诚毅很是无奈。

一方面无货可卖，另一方面盗版猖獗，制作方不得不赶制胡巴玩偶。但因时间仓促，使得产品质量不高，又引来了粉丝们的一波口水狂喷。

票房破纪录，衍生品授权却乱作一团，事后，出品方懊丧地承认："太不专业了，每天听到人家讲，《星球大战》卖副产品盈利多，我们不敢去想。""（衍生品开发）我们一分钱没有拿到。"

2018年春节档，胡巴"再现江湖"，最终票房为22.37亿元。出品方吸取了《捉妖记》第一部的教训，上映前就早早确立了麦当劳、康师傅、旺旺等近60家品牌的授权合作，并在上映前四五个月就开始了宣传推广。他们还为每一个单独的“妖”开通微博，既是为电影做宣传，也是为周边产品做铺垫。

有了2015年《捉妖记》的票房表现做基础，合作商对于《捉妖记2》抱有很大的期望，仅授权费就达到千万量级。从中我们可以看到一个连续的优秀IP对于品牌授权是多么重要。

麦当劳推出了幸胡堡、团圆堡、小福宝鸡排、青柠妖格饮等一系列春节新品，并在全国开设了麦当劳清水镇主题餐厅，有的连外面店招都换成了《捉妖记 2》电影风格，很是用心。

汤臣倍健使用了《捉妖记2》中的“反派妖”形象来做推广；快手做了“胡巴率群妖拜年”，并投放了全国16万场的贴片；阿里鱼承包了《捉妖记2》部分线上衍生品方面的开发；天猫推出年货节“捉妖”专场，还能参与“全民抓胡巴”互动游戏；爱丽丝珠宝量身定制了35款产品，比如胡巴项链、儿童转运珠，还有纯金的电影票。

这一次，电影还未上映，小妖王“胡巴”的衍生品销售额已超千万元！

总结这几年来影响比较大的影视品牌授权，包括 2019 年以 50 亿元票房打破中国动画电影票房纪录的《哪吒之魔童降世》，我们发现：

第一，中国影视在IP打造方面有长足的进步，但依然存在很大缺陷，表现为：缺乏超级IP，创意不足，故事不够精彩，过度重视服道化和特效，本末倒置。在IP系列开发上，问题尤为严重，缺乏整体规划和长远规划，缺乏耐心和毅力，急功近利，狗尾续貂，续作口碑基本上断崖式下跌，“二世而终”，导致后续的品牌授权也只能草草收场，始终无法像漫威电影一样形成一个“漫威宇宙”。无法形成体系，也就无法形成持续的影响力，导致下游的品牌授权也如昙花一现，潦草收场。

第二，授权产品的创意不足，种类比较单一，质量中下等居多。大部分本土动漫企业缺乏品牌授权操作经验，被授权商对于影视品牌授权缺乏信心，不敢“下注”，待到票房爆发，因为研发和生产周期长，衍生品又赶不上，造成授权产品往往与影片脱节。《哪吒之魔童降世》超高的票房和人气，围绕它的品牌授权依然半死不活，严重浪费这个优质IP。

第三，如蛆附骨的盗版始终不能根绝，破坏市场，严重影响授权产品向精品化方向发展。无论是授权商还是被授权商，制止盗版的总成本都非常高，权衡之下往往只能放弃追究。而电商平台疏于管理，任由盗版泛滥，也在一定程度上助长了盗版的猖獗。盗版就是授权经济水桶的短板，不解决盗版问题，水桶就永远装不满。

第四节

抢占未来的财富点：巨头们的悄然布局

一边是成长起来的年青一代，授权经济有着巨大的发展空间，另一边是相对落后的品牌授权现状，构成了当下中国动漫授权的基本形态。

根据《数字娱乐产业蓝皮书：中国动画产业发展报告（2017）》的统计分析，“90后”“00后”这些在互联网环境中成长起来的年轻群体，很愿意在各种动画周边产品上付费，例如海报等印刷品，玩偶等周边产品，以及声优的演唱会和相关表演，在动画周边上，每年平均花费超过1700元。付费意愿的高涨，相应的则是对内容的要求越来越高，希望看到更多原创的有个性的差异化的动画。

2017年，仅好莱坞电影中衍生出来的玩具就获得了57亿美元的营收，票房收益反而不那么引人注意。而国内电影90%以上的收入来自票房和植入式广告，衍生品收入不足10%。

由于本土IP竞争力不足，国内授权市场上的主要IP美国就占了40%，其次为中国大陆占26%，日本占11%，也就是说，中国动画衍生品市场大部分利润眼睁睁地流向美国、日本的品牌授权商。而国产动画衍生品以服装及挂件等为主，附加价值以及客单价更高的模型销售份额非常低。

实际运作中，中国动漫领域依然形成了一套上游、中游、下游齐全的产品线，出现了几家突出的企业和平台，在授权和设计上有了完整的工业流程。

梳理一下，我们能找出三条不同的未来授权模式：

阿里鱼模式

“不成熟”有时候恰恰是“机会”的代名词，代表着巨大的发展空间和巨大的财富。国外的授权经济走过六七十年，而中国的授权经济才起步二三十年，所以，中国授权经济还有很大的空间等待我们去开发。这是中国文化产业的一个新的增长领域，目前正处于蓝海阶段。许多业内人士一致认为，衍生品即将成为未来电影产业发展的强力助推器。

如同BAT对于未来的布局，动漫IP和授权方面，巨头们同样已经开始了布局。

这是这些年来中国动画产业的一个非常显著的变化。巨头们从互联网四面出击，在各个行业抢占赛道，也把触手伸向了动画产业和授权行业。它们有着先进的技术、庞大的平台、海量的资本、庞大的流量，跨行业、跨平台对它们来说并不难，反而可以打通行业壁垒，实现矩阵化。

阿里鱼、腾讯系“鹅漫 U 品”和网易聚玩纷纷成立，开发 IP 授权业务，试图在这片广阔的蓝海市场大显身手。未来的授权经济，一定会出现像如今腾讯、阿里巴巴、华为这样的行业巨头，从上游到下游全部囊括的“大授权产业”。

2017 年，阿里巴巴影业集团与任天堂持有的精灵宝可梦公司达成战略合作，拿下精灵宝可梦（皮卡丘等）在中国的衍生品和营销授权，消费者可以在天猫上购买到正版授权的宝可梦服饰、食品、美妆、家居百货、文具、箱包、数码 3C 商品。

从 1996 年诞生起，宝可梦在中国粉丝众多，周边产品随处可见，但都是没有经过授权的侵权假冒产品，直到这次阿

图 5–1　皮卡丘玩具

里巴巴与任天堂的强强合作，才结束了在中国没有正规授权的历史。

对日方而言，阿里巴巴凭借电商运作背景、数据库分析能力、品牌商家库等资源，能够向版权方和品牌方提供设计报审、淘系资源整合、商家联合营销、跨界合作、线下 IP 主题嘉年华五大服务，同时还可以在天猫上清退那些侵权周边产品，一举两得。

精灵宝可梦在天猫的第一次大规模活动从 2017 年 5 月 24 日开始，上线 3 天，流量超日常同量级平均 uv（独立访客）的 2.5 倍，总成交近 2000 万元。其中天猫超市伊利上线 10 分钟，成交 6500 件，首日成交 310 万元，全部 5 款“皮卡丘限量款”全部售罄。

目前天猫上已经看不到盗版精灵宝可梦的身影，取而代之是质量优异、价格昂贵的正品授权周边。

2018 年天猫“双 11”购物狂欢节，独家皮卡丘限定版礼盒套装开售仅 1 秒钟，5000 套商品即被预订一空，成为当之无愧的爆款。预售首日，泡泡玛特“失心疯福袋”，1 分钟即售出 5000 套，全天销量达 2 万套。

2016 年刚刚成立的阿里鱼胃口非常大，被业界看作阿里巴巴进入全球 IP 市场的信号。它以阿里大数据为基础，为品牌方提供在线授权、营销、销售等全链路服务，打通整个链路闭环，从B2B到B2C，精细化地分析IP受众粉丝。其中主推的两大核心业务是IP开发消费品授权合作及整合营销等服务，此外还包括“双11”狂欢夜等自有IP运营，同时涉及影视、动漫、文化、艺术、明星、综艺、体育、音乐多类型IP合作。在授权宝的协助下，阿里鱼可谓水到渠成，如鱼得水。

2018年4月，阿里鱼取得了日本“旅行青蛙”在中国地区商业化合作的独家授权，相关授权交易额接近2亿元。阿里鱼随后就推出了乳胶颈枕、旅行水杯、中粮集团米面粮油系列、中国邮政特别合作明信片，以及儿童防走丢书包、电子定位手表等系列产品，紧紧抓住“旅行青蛙”这只“佛系青蛙”的独特气质。短短一个半月，“旅行青蛙”销售额就达到了1.2亿元。

不久，阿里鱼又取得了“小猪佩奇”的官方独家衍生品合作授权。

这时，《小猪佩奇》形势一片大好，它在爱奇艺、优酷等视频平台上的年播放量已突破450亿，口碑爆棚。2019年春节，阿里影业和小猪佩奇的英国版权方eOne顺势合作推出了《小猪佩奇过大年》合家欢电影，意欲在春节档分一杯羹。

令人扼腕叹息的是，《小猪佩奇过大年》在经历了《啥是佩奇》预告片的烘托后高开低走，活生生地被正片质量的低劣给毁掉了，骂声一片，称其为了圈钱东拼西凑，毫无诚意，吃相极其难看。在豆瓣电影打分的约9000个评分中，最低的一星评价占了45%，整体评分只有4.0分，在2019年春节档8部影片中评分垫底！

截至2019年2月底，《小猪佩奇过大年》的票房只有1.23亿元，远远不及同期上映的《熊出没·原始时代》的近7亿元票房。口碑票房双输，“小猪佩奇”的IP价值大为缩水，由此可见，IP的创造和维护非一日之功，毁掉却可以在一夜之间，不可不慎。

签约阿里鱼后，曾有业内人士预估，“小猪佩奇”在2020年之前将创造20亿美元的衍生品零售额。如今《小猪佩奇过大年》票房惨败，势必严重影响衍生品的销售。

目前阿里鱼得到授权的优质IP，除了“旅行青蛙”和“小猪佩奇”外，高达、变形金刚、Hello Kitty等热门IP也被收入囊中，并不断扩张：吃豆人（PAC-MAN）、小马宝莉、Molly、blizzard、汤姆猫、游戏《传奇世界》、电影《功夫熊猫3》等，以及中国国家博物馆、颐和园、大英博物馆、凡·高博物馆等多个国内外优质文化艺术IP。

不仅如此，阿里鱼还与Amblin Partners、派拉蒙、万代南宫梦、TPC、Sony、华纳等海内外多家IP版权方达成合作，仅2018年1—6月，就新达成了35个IP衍生品合作项目。

目前，阿里巴巴已经成为中国最大的衍生品平台。

2015 年，《碟中谍 5：神秘国度》在阿里巴巴的衍生品销售额超 1000 万元。2016 年，《星际迷航 3：超越星辰》衍生品销售额超 4000 万元人民币。2017 年，吃豆人、精灵宝可梦、《三生三世十里桃花》等项目推出后大受欢迎，累计销售金额突破 5 亿元，其中《三生三世十里桃花》交易额超过 3 亿元！

2018 年“双 11”，米奇和 Beats 合作款耳机、大白兔与美加净合作的奶糖味唇膏、高达版天猫精灵外壳、旺仔毛衣等成为天猫“双 11”爆款，再次证明了 IP 衍生品比传统标品更具有“爆款基因”。

2018 年底，阿里鱼又宣布启动 2019 年商家共赢计划，名为“锦鲤 + 鱼跃”，含义自然是“鲤鱼跃龙门”。

一方面，在内容端，将为商家提供皮卡丘、高达、丑娃娃等多个国内外优质 IP，涵盖动漫游戏、影视综艺、艺术文创、明星艺人等重点领域，繁荣衍生品市场发展。

另一方面，启动旨在打造生态基础设施的相关计划，将通过授权宝、数据宝、版权宝、分销宝和流量宝等核心产品平台，为国内外版权方和优质品牌商家提供“一站式”互联网授权解决方案，助力商家销售业绩。

2020 年 12 月，阿里鱼的 2020 年度合作伙伴大会宣布重磅启动“阿里鱼无限 IP 赋能计划”。

阿里鱼这几年的布局，成绩还是很亮眼的。

阿里影业2020财年业绩报告中，受新冠肺炎疫情的影响，阿里影业营收同比下降5%，经营亏损从去年同期的4.97亿元扩大至9.81亿元，同比扩大97%！但是以阿里鱼为主体的综合开发业务板块却神奇地实现了2.42亿元的收入，同比大增118%；特别是，实现经营利润1.36亿元，同比增长103%！

腾讯也不甘落后。

2017年，腾讯旗下主打二次元衍生品的电商平台“鹅漫U品”成立。“鹅漫U品”主要售卖两大类产品，一是腾讯泛娱乐周边，二是获得IP授权的衍生品，售卖包括《拳皇》、《海贼王》、漫威系列等多达200多个IP的衍生品。在发展近一年之后，“鹅漫U品”宣布与猫眼达成合作，双方将在IP、流量入口等方面进行互补合作，同时“鹅漫U品”也将推出全新且独立的电商App。

没想到2019年9月，“鹅漫U品”平台就宣布下线，“鹅漫U品”夭折。这再次证明腾讯系天生不具备电商基因，在理念、定位、平台设计、服务上都有严重欠缺，最终还是回归了社交和游戏，将互联网电商品牌授权拱手让给了阿里巴巴，各自在擅长的领域“笑傲江湖”。

奥飞模式

“以IP为核心，IP连接一切”，这是奥飞对于IP的期待，但对于“IP连接一切”这一点，奥飞显然乐观得过头了。奥飞通过收购、股权投资等形式搭建起了以IP为核心，集漫画、动画、授权、玩具、婴童、游戏、实景娱乐等业务的IP+全产业链运营平台，矩阵建成之后，奥飞却摔了一个跟头。

2015、2016年，互联网经济形势一片大好，在资本的助推下，奥飞狂飙突进，大肆投资并购。2016年报上，奥飞新增子公司24家，全部子公司数量达67家，当年对外投资额甚至超过了其全年的总营收。

2016年2月，奥飞动漫更名为奥飞娱乐，宣布要做兼具中国特色和全球视野的“新时代迪士尼”。“兵强马壮”的奥飞计划3年内打造包括电影、游戏、电视剧、网络剧和动画在内的62部新作！

然而，票房不是投资多、决心大就能换回来的。电影行业具有不确定性和高风险，奥飞“押宝”的“影视”和“游戏”远未达到预期。奥飞在海外投资收购了Funny Flux、Baby Trend等公司，“押宝”《荒野猎人》《刺客信条》等明星电影，结果《荒野猎人》叫好不叫座，《刺客信条》亏损9000多万元。

当然，这并不是奥飞一家独有的现象。

加上其他投资并购失利，以及乐视欠款，据估计，奥飞亏损了大概 5 亿元。

相比之下，奥飞赖以起家的玩具就显得十分稳定可靠。

2016、2017 年，玩具销售分别为奥飞贡献了总营收的 57.48% 和 53.68%，婴童用品分别贡献了总营收的 15.48% 和 23.86%。

2017 年奥飞年报显示，奥飞营业收入为 36.42 亿元，但归属上市公司股东的净利润仅 9013 万元，归属上市公司股东的扣非后净利润为 -1.6 亿元。这是奥飞自 2009 年上市以来的最大跌幅，同时也是扣非后净利润上市以来的首次亏损。

2018 年奥飞 Q3 财报，奥飞前三季度营收净利双下降：总营收 21.29 亿元，同比减少 19.51%；归属于上市公司股东的净利润 7260 万元，同比减少 76.98%；扣非后净利润 -5204 万元，同比减少 138.97%。其中值得关注的是，奥飞第三季度单季扣非后净利润为 -6961 万元，同比减少 283.08%。

对比几年前的数据，就能看出奥飞这两年的窘迫：2014 年扣非后净利润 4.1 亿元，2015 年扣非后净利润 3.54 亿元，2016 年扣非后净利润 3.39 亿元！

2018 年“资本寒冬”到来，风声鹤唳，奥飞也经历着上市以来最大的业绩考验。痛定思痛，奥飞副总裁兼董秘李斌曾向媒体表示要“悬崖勒马”：“公司目前阶段的风格不适合做外部影视和游戏，并已经收缩外部影视投资，未来仍将聚焦精品IP的研发、稳定玩具业务以及主题乐园的开拓。”低幼儿动画将重回奥飞战略的重心，而3年前花了大价钱买来的“有妖气”，奥飞一度试图寻找新的投资接手。

对奥飞来说，这是必然的选择。从泛娱乐行业发展的现状来看，IP的价值越来越大，尤其是头部IP。没有不断冒出的头部IP，奥飞玩具就成了无源之水，衰落也就是早晚的事情。

放弃大而全，回到熟悉的模式，从昂首阔步回到理性谨慎，奥飞痛定思痛，在2019年终于扭转了颓势，营收猛增到8.83亿元，同比增长114.79%，重新振作起来。

方特模式

2016年，万达董事长王健林信心满满地宣布挑战世界第一的迪士尼乐园，最终却虎头蛇尾，上海迪士尼乐园的火爆和盈利给了那些乐观者一记响亮的耳光。但是王健林没有做成的事情还是有人正在做着，一直在按部就班地追赶着迪士尼的身影。

2018年5月17日，世界主题公园权威研究机构美国主题娱乐协会（TEA）与第三方旅游行业研究及咨询机构美国AECOM集团联合发布了《2017年全球主题公园调查报告》。

按入园人数来计算，传统的主题公园三巨头迪士尼、默林娱乐和环球影城依然牢牢占据前三。尤其是迪士尼，在过去一年中表现强势，增速从去年的0.7%跃至6.8%，吸引了大约1.5亿人次的游客。

图5-2 巴黎迪士尼乐园

中国市场继续高速增长，表现亮眼，在TOP 10中，三家主题公园集团华侨城、华强方特和长隆集团分别位列第四、五、六位。值得注意的是，这三家主题乐园集团的增速分别是33%、22%和13%，是其他主题乐园望尘莫及的。不过，这三家参观人数合在一起，也只占迪士尼一家的75%，这是当前中国主题公园的现实。

更详细的数据体现在“全球单一主题公园入园人次 TOP 25”中，入围的中国本土主题公园只有珠海横琴长隆海洋公园1家（第11位），迪士尼有11家，其中上海迪士尼以1100万人次，位列第8。

业内人士分析，到2020年，达到主题公园准入条件的人群有望突破11亿人。在达标人群中的渗透率有望提高到20%，总访问量达2.2亿人次。届时，中国将有望超过美国，成为全球最大主题公园市场。

在中国大大小小2700个主题公园中，方特乐园是与迪士尼模式最接近的，被称作“本土迪士尼”。

与华侨城、长隆、万达不同，方特以技术起家，是“技术+文化”的模式，先有IP后有乐园，围绕着自己的IP、影视、电影、动漫角色来打造主题公园。

目前，方特在中国已经有13家主题乐园，全部在二三线城市布局。避实就虚，这是新时期的“农村包围城市”，内中颇有巧妙之处。

2012年以前，华强方特基本以重资产的模式做主题公园。在主题公园所在地设立项目公司，负责主题公园的投资、建设和运营。公司享有主题公园的全部运营收益。

2012年以后，方特调整战略，逐步向轻资产模式转型，开始通过合作投资方式拓展业务，与地方政府共同开发。

逐步减轻对乐园这种实业型授权经营的依赖，转向盈利价值更高的知识产权授权，这也是迪士尼这些年来的一大变化。1984 年，迪士尼主题公园业务的收入占比还高达 65%，到 2018 年，这个比例已经降至 34%。

例如，上海迪士尼乐园，就是由迪士尼公司和上海申迪集团合作的项目，双方共同设立一家管理公司，负责乐园的创意、开发和运营工作，其中迪士尼持有7成股份。再比如东京迪士尼乐园，迪士尼公司也没有所有权，日本东方乐园公司持有所有权并负责运营管理，迪士尼公司则每年收取一定的特许经营费。

这种授权方式的好处是投资少，收益高，经营风险小，方特更多地提供设备、管理和知识产权，能够帮助华强方特在全国快速铺开业务。

2015、2016、2017 年度，品牌受让方分别为华强方特贡献了 11.71 亿元、12.68 亿元、6.9 亿元创意设计收入。

方特乐园最倚重的 IP 自然就是方特原创的“熊出没”。这可以说是“喜羊羊与灰太狼”之后，中国影响力最大的低幼向动画了。

“熊出没”这部动画及相关电影，我们在前面详细介绍过。《熊熊乐园》《探险日记》等动画片 2017 年在央视少儿频道首播，以 4.75% 的收视率刷新少儿频道开播以来的收视新高。2019 年《熊出没·原始时代》电影票房突破 7 亿元，再创新高。

方特可以说是代表了中国授权经济的一个进化方向，而且这个进化方向已经有迪士尼在前面蹚路。方特应该做的，就是把握住当下主题乐园发展的良好机会，全力解决目前 IP 尚显单薄这个要害问题，争取早日形成“大 IP 群”，打响方特乐园品牌知名度，早日与迪士尼争雄天下。

巨头之下，依然有非常大的空间留给了那些有心在授权经济中拼搏闯荡的公司。作为一个新生领域，很多模式和规则都没有确定，有太多的奇迹等着他们去创造，并有可能在未来成为授权经济中的新巨头。

这些企业的突出特点是手中掌握了不少 IP，并在不断用心创造着新 IP，而且他们能快速吸收互联网经济的创新结果，以“新”取胜。我们在前面提到过授权经济的第一个强大之处就是 IP 的火爆可以带动品牌授权爆发，非常迅疾。

比如好儿郎集团目前已经与清华大学美术学院达成战略合作，共同研发一个 600 集的“大型民族优秀历史文化教育系列动漫工程——《中华好儿郎》”，这是一个非常大的 IP。相应地，“好儿郎”这个 IP 也会成为热门 IP，所以“好儿郎”这个商标已经被好儿郎集团或注册或收购了 40 多类，即将进行全品类的品牌研发和授权运营。

图 5-3　本书作者之一陈保青与清华大学美术学院院长鲁晓波教授合影

好儿郎知识产权体系

一、“好儿郎”软件著作权 8 个

二、“好儿郎” 商标 42 大类

三、图形 商标 45 大类

四、“垚龘” 商标 45 大类

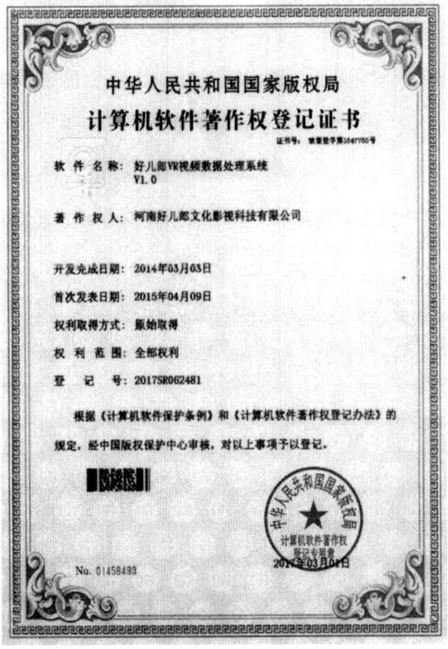

中华人民共和国国家版权局

计算机软件著作权登记证书

软件名称：好儿郎VR视频数据处理系统 V1.0

著作权人：河南好儿郎文化影视科技有限公司

开发完成日期：2014年03月03日

首次发表日期：2015年04月09日

权利取得方式：原始取得

权利范围：全部权利

登记号：2017SR062481

根据《计算机软件保护条例》和《计算机软件著作权登记办法》的规定，经中国版权保护中心审核，对以上事项予以登记。

No. 01456493

2017年03月01日

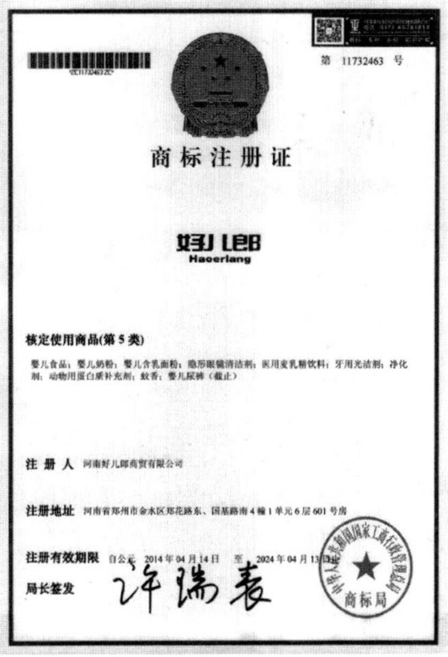

第 11732463 号

商标注册证

Haoerlang

核定使用商品(第 5 类)

婴儿食品；婴儿奶粉；婴儿含乳面粉；隐形眼镜清洁剂；医用麦乳精饮料；牙用光洁剂；净化剂；动物用蛋白质补充剂；蚊香；婴儿尿裤（截止）

注册人　河南好儿郎商贸有限公司

注册地址　河南省郑州市金水区郑花路东、国基路南4幢1单元6层601号房

注册有效期限　自公元 2014 年 04 月 14 日　至　2024 年 04 月 13 日

局长签发

商标局

图 5-4　好儿郎知识产权体系及好儿郎商标

第六章

未来中国授权经济：在焦虑与希望中前行

第一节
突破中的中国动漫授权

不可否认，相比美国电影授权，中国电影授权领域仍然稚嫩，还存在相当多的混乱无序地带，但已经走上了一条正确的道路，而且正在超速发展。

目前，我国少年儿童喜爱的动画，60%是日本的，30%是欧美的，国产的只有10%。单以动画电影在电影总票房中的占比来说，国产动画电影还有相当大的空间。2017年，国产动画电影仅占全国电影总票房的8.44%（2019年因为有了《哪吒之魔童降世》这个爆款，占比达到了18.91%，但这不能算是常态），而成熟电影市场中动画电影一般占电影总票房的15%—20%。例如，美国2016年动画电影票房为23.12亿美元，占美国电影市场总票房的20.55%。

这就导致中国动漫授权市场中，80%以上被国外卡通形象占据，本土品牌占有率不足20%。

相对日本、欧美成熟的IP产业链条来说，中国的整个动漫IP产业尚在起步阶段，往往还停留在开发毛绒玩具或手机壳、钥匙链等简单衍生品，甚至是用作赠品的层次，质量自然也就谈不到上乘。就算是售卖的周边产品，也往往是在已有产品上简单地“贴标”，而不是针对IP做深层的单独开发，无法满足Z世代日益增长的消费能力和消费需求，难以在消费者心目中留下震撼的持久的印象，无法培养出品牌忠诚度。这也导致国产周边产品生命周期非常短暂，电影下映后，这些周边产品就再也无人问津，这与美国周边产品长盛不衰的生命周期天差地别。

但这一局面正在得到迅速改善，充满希望。

伴随着“00后”逐步加入成年消费大军，“00后”红利到来，授权经济的一波迅猛发展也正在到来。

《中国互联网发展报告2018》显示：2017年网民7.72亿，10—39岁群体占整体网民的73%。在网络使用频率上，“95后”和“00后”用户则是最为活跃的一群人，成为中国互联网的中坚力量。

这意味着Z世代人数已经高达3.3亿，超过中国人口的1/4，且占据了网民的半壁江山。Z世代就是我们俗称的“90

后”“95后”和“00后”，这一群新生代受众有明显的特征，即物质生活丰富但精神生活相对孤独；是网络原住民，是伴随着互联网成长的一代人，是原汁原味的“网生一代”。

他们的消费能力更强，消费意愿也更强，更热衷于小众品牌；更注重生活品质，注重个人形象，注重消费体验；热衷于二次元和虚拟社交客群，对各种新奇事物的接受度和包容度非常高。中国原生文化也因此崭露头角，出现了“萌文化”和“萌经济”，这是授权经济的重要板块。

根据《2020中国品牌授权行业发展白皮书》的数据，2019年我国年度授权商品零售额达992亿元，同比增长15.9%，年度授权金为38.2亿元。虽然总量仍然排在美国、英国、日本、德国之后，增长速度却是全球前五大市场中最快的，连续几年全球增长率最高。

一个很能说明问题的表现是，2018年第二届全球授权展·中国站展览面积增至18000平方米，较2017年扩大超一倍！而2020年全球授权展·上海站的展馆面积有25000平方米，总计227家参展商（含云展商）参与了本届展会，较2019年增加16.4%；IP数超过1000个，较2019年增长25%！

美国知名授权杂志*License Global*公布的《2020年全球150强授权商排行榜》中，迪士尼以547亿美元登榜，是无可匹敌的霸主。中国的授权商中，奥飞娱乐以5亿美元登榜，位列第69名；华强方特以4.35亿美元，位列第75位；上海天络行品牌管理股份有限公司（拥有泰迪珍藏、幸运猴、宝宝豆等IP）则排名第94位，零售额为2.57亿美元。

截至2019年底，在中国的品牌授权企业总数为542家，同比增长31.6%；已经开展授权业务的IP为2006项，同比增长36.2%。

2019年，全球电影票房再创新高，达到425亿美元。中国和美国是全球电影市场当之无愧的两台发动机。

其中，北美全年票房报收114亿美元，较2018年下降4.4%，是北美影史第二高的年度票房。

相比之下，中国电影总票房为642.66亿元，同比增长5.4%，是全球第二大票仓，其中《哪吒之魔童降世》以7亿美元的成绩位居2019全球票房榜第11名。全年票房前10名影片中，国产影片占8部，全年票房过亿元影片88部，其中国产电影47部，显示了中国电影进一步崛起。

整体电影市场的高速增长，自然也推动了授权经济的增长。根据品牌授权的一般规律，电影市场的兴盛是第一步，随后的IP热是第二步，第三步便是围绕IP进行的品牌授权。授权经济的增长不仅体现在规模上，更重要的是整体布局的完善和优化。

在动画、漫画、游戏等更容易产出IP形象的二次元领域，是授权经济发展最迅猛的领域。从上游的IP，到设计、生产、制造、售卖、营销，整个产业链日趋完善。

以前占领中国的动漫形象小黄人、熊本熊、变形金刚，如今正在被“吾皇万睡”、同道大叔、故宫淘宝等挤压，一批年轻的中国IP开始崛起，它们更年轻，更富有朝气，与授权商品的结合更富有中国特色，代表着中国授权经济的发展方向。

动漫IP与品牌的跨界合作，是近几年IP的新潮流。

“吾皇万睡”与中粮集团、万象城持续合作，在全国几大城市推出“吾皇万睡”展览。

必胜客联合国产优秀漫画《非人哉》，五位中国故事中的吃货神仙（小玉、九月、敖烈、藕霸哪吒、哮天）来到必胜客，和美味的小食拼盘开启了一系列故事。

《全职高手》与麦当劳合作，线上有《福利篇》动画广告，线下则有相关主题店的打造。麦当劳《全职高手》主题店从杭州东坡路店开花，拓展到杭州其他地区和上海。

中华民族历来是韧性和爆发力极强的民族，非常喜欢创造奇迹，喜欢挑战不可能，喜欢恣意地活着，坚信“人定胜天”，“世上无难事，只要肯登攀”。在品牌授权方面，中国人在很多细分领域已经展现出了无与伦比的鲜活生命力和创造力。其突出代表是故宫文创。

2011年，故宫开始推广文创产品，不过因为创意不足，“泯然众人”，市场反应冷淡。空守着金山却两手空空，故宫开始了沉淀反思。

2013年，《甄嬛传》大热，台北故宫博物院“朕知道了”胶带让故宫博物院茅塞顿开，对“用户定位”和“产品定位”重新做了规划，转向年轻人，从此一发不可收拾。

他们主打“网红另类皇帝”雍正，“朕就是这样的汉子”一语风靡网络，一改冷厉的形容，变成了贴近年轻人潮流的“萌皇帝”，相应的折扇等文创产品卖得风生水起。

故宫文创陆续推出“朝珠耳机”、“奉旨旅行”腰牌卡、“皇帝大婚胶带”、“顶戴花翎官帽防晒伞”、“嬷嬷针线盒”、“朕亦甚想你”折扇、“千里江山图”随身装茶具、“福字杯系列”、“天穹伞”、“神骏水果叉”等，产品竟多达1万种，分为创意生活、故宫笔记、紫禁服饰、文房雅玩、家具陈设、天子童年、国礼之选等几个板块。

在营销方面，故宫博物院微博、微信全覆盖，官网、电商齐上阵，线上线下体验并行。如今，故宫博物院微博粉丝已经飞速超过了1000万，在天猫、淘宝、京东都有旗舰店，还在2018年春节前夕，将首个快闪店“朕的心意”搬进时尚之地三里屯。2017年中秋节，故宫联合稻香村推出限量月饼“掬水月在手”，既雅致又甜萌，别具一格，大受欢迎。12月，故宫又跟民生银行合作，推出美人版信用卡、龙袍版信用卡和符牌版信用卡，尽显故宫皇家典范。

在创意方面，背靠故宫海量的IP，故宫博物院没有“闭门造车”，而是大气地采用授权方式，选择与多家优秀企业合作。除了上面提到的稻香村、民生银行外，他们联合周大福，推出故宫文化珠宝，联合水井坊，推出精致小巧的白酒杯“月映杯”。

精心慎重挑选被授权商，充分借助大众的才智，一起开发，共同获益，故宫博物院深得品牌授权的精髓。

在质量方面，故宫博物院相当严谨，把文创产品当“长线”发展，决不为了短期利益“杀鸡取卵”，这才慢慢打造出了“故宫出品，必属精品”的良好口碑。

2018年初，故宫博物院耗费大量心血制作推出了“俏格格娃娃”，虽然售价不低，每个娃娃高达599元，还是一上市便大受欢迎。但仅仅因为有网友指出该款娃娃身体部分与国外某品牌娃娃身体部分相似，故宫博物院便发布声明：“即刻停售此款娃娃，已经售出的将全部召回。娃娃身体部分将重新开模制作。”宁可利益受损，也要维护故宫博物院来之不易的声誉，甚是难得。

几年间，故宫文创产品变成了“爆款”，销售额一跃到了10亿元左右，几年后又超过了15亿元。15亿元，这肯定不是故宫博物院文创产品的能力上限。甚至美国纽约大都会博物馆文创产品一年5亿美元的销售额（占其全部收入的80%），也不应该是故宫文创产品的上限。以中国14亿的人口基数，不断成长的年青一代对于新奇事物的热爱，蓬勃的中国授权经济发展趋势，未来故宫博物院文创产品达到10亿美元销售额，也不是不可能的事情！

故宫文创的成功，证明中国传统文化是品牌授权的一座宝库，海量的IP正在等待着借品牌授权这条船，以新的途径出现在中国大众面前。在中国伟大复兴之梦步步实现的大背景下，品牌授权+中国传统文化，大有可为。这一点，中国的品牌授权从业人员应该树立信心，要敢于让中国品牌与中国传统文化大胆结合。而且，国外很多顶尖品牌已经在深挖中国传统文化的这块宝地。例如，2018年，欧莱雅就跟中国国家博物馆合作推出了5款口红，其设计灵感来自博物馆内藏品《千秋绝艳图》，5款口红色号分别对应中国古代的五位美女——赵飞燕、杨玉环、王昭君、西施、李清照。

第二节
好的IP是水之源头

这是整个授权产业链的源头。没有好的IP，就是无源之水，一定不能走得长远。也可以说，皮之不存，毛将焉附？没有IP这张“皮”，也就不会有品牌授权这片“毛”。

纵观中外的授权案例，从没有IP扑街而周边产品热销的。

2015年，“黑猫警长”这个一直活在中国人心中的“大IP”重新进入人们的视野，《黑猫警长》电影版上映。时间如水，已经悄悄流淌了30年，那些当初看到《黑猫警长》便欢呼雀跃的小观众已经成为孩子的父亲、母亲。

没想到，电影版口碑不幸“扑街”了，豆瓣评分只有5.2分，这比1984年5集《黑猫警长》8.4的评分，差得可不是一点半点儿。在借势推出的衍生品中，阿里巴巴和上海美术电影制片厂合作的“黑猫警长公仔”做工精致，形神兼备，首批一万只公仔很快就销售一空。但也仅仅如此了。电影的普遍差评决定了衍生品的命运，除了“黑猫警长公仔”，其他衍生品没有激起一点儿水花。

这就是 IP 的决定性作用。

2016年，万达集团董事长信心满满地冲入动漫乐园领域，挑战世界第一的迪士尼乐园。这给很多不甚明了主题乐园深浅的国人打了一针兴奋剂，以为中国的IP产业即将崛起，可以与迪士尼抗衡，没想到最后虎头蛇尾，令人大失所望。

这年 5 月 22 日，中央电视台《对话》栏目邀请了万达集团董事长。谈及上海迪士尼乐园，他虽然承认迪士尼排名全球娱乐业第一，但依然不看好上海迪士尼，只因为万达即将进入主题乐园领域，并且有决胜的信心，要让上海迪士尼在 10—20 年内无法盈利。

按万达集团董事长的分析，上海迪士尼败走中国会有三个原因：

第一，上海迪士尼属于室外乐园，而上海的气候夏天梅雨，冬天阴冷，并不适合室外游玩。

第二，迪士尼的 IP 已经过时，无法吸引中国消费者。

第三，高昂的成本。上海迪士尼花了 55 亿美金来建设，这么高的成本必然要在票价上体现出来。

针对这些情况，万达集团董事长信心满满，准备在全国开15—20家不同特色的室内室外结合的主题乐园，以“群狼战术”围攻上海迪士尼。

从民族自豪心来说，我们喜闻乐见国产品牌打败洋品牌，一吐几十年来的闷气；但从商业的现实角度，万达集团董事长还是想得太简单了，严重误解了迪士尼。不是有钱就能玩得好旅游，也不是盖起了乐园就会人满为患，更不是“狼群战术”就能挤死迪士尼。无论是从创意、IP还是从管理，万达乐园都与上海迪士尼相差甚远，不在一个量级上。

2017年，万达在西双版纳、合肥、南昌、青岛、哈尔滨的5个乐园人员人数并不是很多。合肥万达客流接待量约250万人次，收入4亿元。上半年，南昌万达仅接待游客66.2万人次，远低于全年接待200万人次的目标。

更让人吃惊的是，7月，万达集团就贱卖文旅和酒店业务，向融创中国出售了13个文旅项目91%的股权。

相比之下，上海迪士尼乐园开业一年间已接待超过1100万名游客。2017年，迪士尼全年营收达551.37亿美元，净利润为89.8亿美元。上海迪士尼度假区在其第一个完整运营财年获得的运营收入，轻松超过了迪士尼总部对其首个财年实现收支平衡的预期。

2018年，上海迪士尼平日门票价格为399元，需求较高的高峰日（暑假、周末和大部分节假日）的门票价格为575元，需求更高的两个假期高峰日（即春节和国庆节）的门票价格为665元。虽然门票看起来不太贵，但加上餐饮、纪念品消费等，上海迪士尼人均消费支出超过2000元。

上海迪士尼如此火爆，排队人数之多，经常要排队一两个小时，最多甚至达到4个小时，很多游客一上午只能游玩一个项目。迪士尼方面特地推出了尊享导览服务，可以享受免排队和导游讲解待遇，其收费标准为：3人团，3小时，收费8100元；8人团，6小时，收费24000元！注意，以上费用不含门票！这样的导览员有30多名，不论平时还是节假日，基本满负荷运转！其实不止在上海，全球迪士尼乐园都有尊享导览服务，价格基本差不多。

据统计，2016年全国30家著名主题乐园中，人均消费超过1000元的有4家，其中，只有上海迪士尼和香港迪士尼达到了人均2000元以上。

万达集团董事长误解最大的，是迪士尼绝非只拥有老掉牙的米老鼠和唐老鸭。从迪士尼自有IP，到收购皮克斯、漫威，从《冰雪奇缘》中的Elsa与Anna，到《疯狂动物城》里的兔子Judy、狐狸Nick、树懒Three-toed Sloth……迪士尼在不断扩充自己的IP库，每年都推出新动漫形象，这些强有力的IP

成为迪士尼乐园的强大后盾，支撑着迪士尼乐园每年更新乐园，源源不断地吸引消费者。

虽然万达集团董事长耗资35亿美元，购买了拥有《蝙蝠侠》《盗梦空间》《侏罗纪世界》《环太平洋》《超人：钢铁之躯》《魔兽》等众多IP的美国传奇影业，但这些非儿童电影IP对中国儿童的吸引力非常低，很难成为亲子游的首选。

这就是超级品牌的力量！

品牌代表着质量，代表着安全和放心，代表着唯一性。品牌以质量取胜，附有文化、情感内涵，给产品增加了附加值。同时，品牌有一定的信任度、追随度，企业可以为品牌制定相对较高的价格，获得较高的利润。

尤其是超级品牌，其影响力已经基本上笼罩整个行业，占尽了先天优势，基本断绝了新生力量进入行业的机会，除非超级品牌自己犯下严重失误，否则新品牌只能长期充当小弟。

为什么中国的主题乐园卖不出高价？

“中国一份文娱地产行业报告显示，正是因为缺乏知名的品牌形象，所以消费者在这些主题乐园里的消费意愿不是那么高。”2017年，国际知名品牌授权专家赛丹杰（Danny Simon）在清华大学演讲时给出了答案，一语点破中国品牌的先天软肋和痛点！

缺少知名IP决定了万达集团办的万达主题乐园还没有开业就已经失败。

而万达集团董事长无疑对于品牌授权存在着认识上的严重偏差，试图短时间内便打造出中国的迪士尼和梦工厂，打造从内容到衍生品再到主题体验的“全产业链”。但品牌授权绝不是这么简单，从授权管理到品牌管理，经过了上百年的摸索和总结，才有了如今庞大的“迪士尼帝国”。

没有好的IP，就是无源之水，一定不能走得长远。这句话值得我们重复强调一遍。

一个IP从诞生慢慢成长到可以收获的阶段，要经过漫长的时间积累和精心打磨，然后才是顺理成章的收获季节。就像“小猪佩奇”的火爆，很多人只看到了“小猪佩奇”的日进斗金和授权产品大卖特卖，却忽视了这是一个推出了已经超过10年的IP，这才到了丰硕的收获阶段。

第三节
品控是品牌授权的生死线

要破除“周边产品不过是电影补充的一次性消费品”这种错误观念。好的周边产品不仅是电影的延伸，更能很好地对电影进行反哺，在荧幕之外，延续消费者和品牌的链接，提供情感联系。

从这个高度来看待周边产品，才能理解为什么一定要坚持品控。唯有制作精良的周边产品才能与粉丝的热情和期盼相匹配，那些对 IP 杀鸡取卵的短期商业变现做法实属不智。

我们再以迪士尼为例。对迪士尼来说，不管是时装周时出的联名款，还是跟全球不同地区的艺术家、偶像推出的设计款，以及与优质国货品牌和知名 KOL 合作的系列，迪士尼都会深入产品设计的各个环节，对质量有着极高的要求。

再以“小猪佩奇”为例，它在中国市场的授权行为同样非常谨慎。“小猪佩奇”版权所有者选择的品牌授权代理商是香港山成集团，这家成立于1992年的公司成功运营过许多国际和国内的知名品牌，面对2015年后“小猪佩奇”的爆红和蜂拥而来的授权合作请求，并没有被冲昏头脑。他们给“小猪佩奇”的品牌授权设置了明确的受众年龄段，只做3—6岁儿童的相关产品，其他的一概拒绝。对于挑选被授权商，他们设置了严格的资质审核手续，会花费数月时间，对合作者的产品定位、运营实力与营销实力进行综合评估。

过了“审核关”并不表示eOne就此当“甩手掌柜”了。eOne还会严格审查授权产品的细节，例如某被授权商生产的“小猪佩奇”产品包装，因颜色与原作有细微出入，被要求进行修改。从这一点来说，与日本的品牌授权做法很是相似。

但这是从授权商的角度来看待问题，从被授权商角度，问题就变成了要在合同有效期内尽可能地利用品牌产生更多的利润。用中国的俗语来说，就是“崽卖爷田心不疼”，所以无法用长远眼光来要求被授权商。这个先天的矛盾是注定无法调和的。

所以靠谱的思路和做法是：找对人，做对事。

在对品牌有了明确的定位和规划后，挑选合适的被授权商就是重中之重。为了挑出合适的被授权商，需要考察的事情很多，包括：被授权商的资金实力、经营思路、人员素质、企业诚信度、企业文化等。总的原则是宁缺毋滥，一切为了品牌。

考察结束后，还要商定合作期内如何进行品控考核，如何进行生产经营指导。

这方面，已经有很多授权品牌栽了大跟头，比如我们前面提到的蓝猫。正如《阿房宫赋》里的那句名言“秦人不暇自哀，而后人哀之；后人哀之而不鉴之，亦使后人而复哀后人也”所说，大部分人都不会从历史中吸取教训，而是坚信自己会是那个例外。

品控堪称品牌授权的生死线。品牌授权能够良好运作多长时间，主要就看品控做得如何。

我们在前面讲过南极人将中国的品牌授权提升到了2.0，对南极人12年的品牌授权之路进行的八个字评价：

巨大成功，极大隐忧。

当时我们并没有讲“极大隐忧”是什么，那么这个“极大隐忧”表现在哪里呢？

就是品控。

南极人的授权规模做到了最大，但是相关的负面信息也是最多，质疑声不断，并且被多次曝光授权产品质量出现问题。

仅 2018 年，南极人就有 14 次登上国家质检局部门以及地方消费者协会不合格名单，包括蚕丝被、内衣、棉服、冲锋衣、电推剪、卷发棒，其中有 5 次是原国家质检总局、现国家市场监督管理总局进行的国检。

2020 年 3 月 23 日，在国家市场监督管理总局披露的《2019 年第二批网售产品质量国家监督专项抽查不合格产品及企业名》，南极电商的旅行箱包也是榜上有名。

这里，南极人的软肋与蓝猫几乎是一样的。

南极人的授权品类太多，摊子铺得也太大，这导致很难对授权产品进行严格的品控。这是品牌延伸最大的陷阱，很多品牌授权商都是在这上面栽了跟头，不顾产品与品牌定位相去甚远，依然大胆授权，最终万劫不复。南极人放任被授权商进行价格竞争，带来的必然后果是一部分被授权商以降低产品质量为代价换取销量的提升。固然，这类被授权商会在竞争中最终被淘汰掉，但它已经稀释了品牌的价值，透支了品牌的生命，也从根本上损害了品牌授权。相比于常见的销售行为，品牌授权更多的是在用品牌“背书”，消费者对于品牌授权存在先天的疑虑不安，这种情况下，一旦出现产品质量问题，消费者对于品牌的信任度会消耗得更快。“一荣俱荣，一损俱损”的捆绑连带影响在品牌授权中体现得尤为明显，被授权商的不良行为对于品牌的损害会加倍呈现出来。

再比如2020年底刚刚去世的世界知名设计师皮尔·卡丹，他以自身名字“授权”命名的皮尔·卡丹服装何其知名。作为很早就进入中国的世界知名品牌，在很多中国人的记忆中，皮尔·卡丹曾经是顶尖时尚和奢侈品牌的代名词，价格极其昂贵。但随后，其“撒网式”授权的销售模式让皮尔·卡丹的含金量不断降低，从时尚奢侈品牌的金字塔尖跌落。据媒体报道，2009年，皮尔·卡丹仅在中国就有24个代理商，品牌授权在男装、牛仔装、童装、箱包、领带、雨伞、毛巾等800多种产品之上。于是出现了跟南极人相同的问题，那就是无法掌控质量问题，多次爆出质量丑闻。皮尔·卡丹自身的衰落，其他世界品牌的竞争和中国品牌的崛起，再加上假货的泛滥，让皮尔·卡丹品牌的贬值非常迅速，如今几乎沦为三四线消费者认知的品牌。

皮尔·卡丹涉足多个领域，其实不仅在中国如此，在全世界的授权都严重泛滥，尤其从20世纪80年代开始，更是一发不可收拾，最终酿成了皮尔·卡丹品牌的大贬值。

品牌扩充，慢慢形成产品矩阵，这是品牌授权的发展趋势。难度就在于如何找到品牌扩充与品控的平衡点。

比如名创优品，它就是一个日常用品连锁杂货铺，从化妆品到文具，从饮食到服装，也在慢慢扩充品类。但名创优品做好了品控，消费者就会慢慢接受它的跨界。南极人也是如此，只要做好了品控，消费者并不介意南极人往篮子里都装了些什么。相反，很多消费者会欢迎这样的跨界。

对于品牌授权，口碑就是生命，尤其是纯粹做品牌授权，很多是一些老牌子自身经营不善，于是转入品牌授权这种轻资产模式。他们往往趁着品牌还有价值，能捞一笔是一笔，对品牌的维护和发展丝毫不关心，“破罐子破摔”。这种品牌的价值属于耗散型，一旦损失，很难补回。

至于被授权方，则是各种钻空子，超范围经营。采用恶性降价竞争，降低产品质量，以次充好，要在合同有效期内尽量榨取更多利润，丝毫不在意对于品牌价值的伤害。至于拖欠授权费用就更不在话下，导致支付方式更多地采取了多收保证金的一次性方式。

一个品牌立足很难，毁掉却很容易。就像高楼爆破，面对一个如此庞然大物，只需要在一些关键位置安放炸药，就能借高楼本身的重量压垮自己。企业也是如此，或许只是某个环节出了问题，就会引起其他环节的连锁反应，最终一发不可收拾。

短期来看，南极人的商业模式依然能够盈利，而且我们看到了南极人通过挑选优质核心供应商，引导产品质量提升。南极人走的是从数量到质量的道路，先把规模做大，再把质量做优，但是品牌和品牌授权有其独特性，那便是，一旦突破消费者的心理承受极限，遭遇突发的品牌信任危机，品牌的价值会出现断崖式下跌，而非缓慢下降。由品牌信任建立起来的品牌忠诚并不是无条件的，也不是永久的。消费者可以表现得很专情，也可以表现得很多情，同样也可以表现得很绝情。

品牌这“皮”之不存，品牌授权这“毛”将焉附？

是在大危机到来之前成功实现良好的品控，还是量变终于达到质变，引起大崩盘，这两种结局哪个会先到来？我们希望是前者。

第四节
要让 IP 具有持久的生命力

哆啦 A 梦、米老鼠、Hello Kitty，都是具有长久生命力的超级 IP。

中国现在缺少的就是这种能够长销几十年的 IP。像 Hello Kitty 这样具有几十年营收能力的长期 IP，国内还没有出现。一个适合开发衍生品的 IP 的培育时间远比想象中要长，需要不断迭代、更新、传承，才能培育出一个适合的 IP。没有形成系列的单品爆款对于衍生品开发意义不大。中国电影目前尚处于追求单个电影爆款，相当多的 IP 诞生之后很快就消失无踪，即便是有周边作品出现，也是昙花一现。

周边产品是 IP 的延伸，但不代表随意在周边产品上贴个 IP 的标签，消费者就会买账。依托于 IP，但又要跳出 IP 的囿限，这里面是一门独立完整的学问。

前几年，有些电影出品方没觉得周边产品要仔细规划甚至单独设计，跑到义乌小商品批发市场去找一些小厂家贴标生产，简单贴上一个电影 Logo 就算是周边产品，最后的成品惨不忍睹。

缺乏创意，这是国内周边产品的一大困境。

“衍生品三宝”——手机壳、马克杯、充电宝，几乎成了每部电影周边产品的基础必选项，要不就是胡乱授权一堆周边产品。

当下的年轻人喜欢创意性的、好玩有趣的产品，最好还要有科技感、新鲜感，这给授权经济很大的压力，也给授权经济提供了近乎无限的空间。

按照动漫周边产品的生产周期，一个新的动漫周边产品开发周期从一周到 3 个月不等，其中一些开发难度特别高的立体产品甚至需要提前一年准备，一旦“押宝”失误，就会造成严重的积压。

哪怕是国内动画领头羊奥飞，每年也有不成功的案例。2014 年，奥飞推出了一款周边产品魔方，却遭遇几个亿库存的窘境，连带着压倒了渠道商和代理商。而热门 IP《十万个冷笑话》也曾遭遇周边产品无人问津。

出于成本的考虑，被授权商更愿意去操作那些已经成名的IP，尤其是在中国版权保护不够完善的市场环境下，面临着众多盗版周边的侵权，甚至因为价格原因，盗版周边销售量比正版周边还高。而在短暂的销售周期内，被授权商的打假行为基本上得不偿失，徒唤奈何。

这一切都是因为中国动画还没有形成良好的工业化产业链，无法像迪士尼那样基本保证动画的品质，因此不能吸引被授权商冒险。而国外的版权方早已经积累了丰富的经验，形成了一整套成熟的操作机制，打通了上下游产业链，在脚本创作阶段，就有衍生品团队对接下游周边开发的业务，而不是等作品做好之后，再交给负责下游衍生品开发的团队操作。

对于授权商（出品方）来说，要做的就是将“大圣归来”“哪吒之魔童降世”等做成一个个持续的IP，进行连续的开发，沉淀为品牌，最终培养成为“哆啦A梦”“蜘蛛侠”“钢铁侠”这样的大IP。也唯有IP的连续化，稳定的输出，才能给予被授权商良好的预期，积极参与到授权中来，合作共赢。

这方面，“大圣归来”和“哪吒之魔童降世”都是很有希望的。

1986年版《西游记》的收视奇迹，周星驰《西游降魔篇》《西游伏妖篇》《悟空传》《西游记之三打白骨精》等取得了票房佳绩的电影，多次证明了“孙悟空”这个中国文化最大IP

的旺盛持久生命力和无与伦比的魅力。

《大圣归来》的用心换来了一大批忠实的粉丝，培养出了消费者的品牌忠诚度，为品牌授权打下了坚实的基础。《大圣归来》制作方只要继续沉下心来，深度挖掘“孙悟空”这个 IP 金矿，保持现在的水准，就可以把“大圣归来”这个品牌做大做强，品牌授权也会随之水涨船高。

“哪吒之魔童降世”也是如此。

曾经红极一时的 IP 阿狸也可以做一个例子。

这个形象的雏形第一次出现，是在“阿狸之父”Hans 的课本上。为了自己的初恋，高中生 Hans 创造出了阿狸。

2006 年，穿着白色内裤，带有可爱温暖孩子气的阿狸的故事出现在“猫扑”网上，这时 Hans 还是在清华美院读研的在校生。

2009 年，阿狸的第一本绘本《阿狸·梦之城堡》出版，风靡一时，累计销量有 100 多万册。3 个月之后，Hans 和他的朋友成立了北京梦之城文化有限公司。

2010 年，《阿狸·永远站》绘本出版，前后 4 本绘本累计销量 300 多万册。阿狸动画随后跟上。

这一年，阿狸开始了品牌授权，并跟服装品牌合作，成为国内最早一批品牌化运营的 IP。

2012 年，阿狸进入全盛期。

紧接着，连续几轮融资。终于，2016 年 5 月，梦之城登陆新三板。

但市场没有一直眷顾这个显得单薄的 IP。

表情包“风口红利”的消失，大众对于“暖萌”向“贱萌”爱好的转变，阿狸动画故事性的缺乏，梦之城试图自己走一条“重资产”模式（自建销售渠道，甚至尝试过自研游戏）的巨大成本，都严重拖累了阿狸。作为一个单薄的创业公司，“重资产”模式是九死一生的冒险，可惜那时候梦之城没有意识到这一点，把铺开的“大盘子”乐观地当成了成果。其实梦之城最好的选择是“轻资产”模式，与强渠道联合共赢，而不是“包打天下”。

但这还不是最致命的，最致命的是那几年阿狸并没有持续输出优质的内容，更没能将阿狸从治愈系的“形象 IP”顺利转型为“故事 IP”，推出的几部动画都严重缺乏故事性而反响平平，没能吸引更多的观众。观众没能看到更新更好的内容，源头中断，导致后续的品牌授权只能吃老本，后继乏力，终于出现了审美疲劳，由盛转衰。

授权经验的缺乏，导致衍生品品质不佳，就连“阿狸之父”Hans 都直言：“2013 年后有一段时间，连我自己看到阿狸的衍生品我都不想用。”

2013 年，梦之城净亏损 727.2 万元；2014 年，净亏损 1463.9 万元；2015 年，这个数字是 1824.4 万元；2016 年，1032.38 万元；2017 年，1018.39 万元。5 年间，梦之城总共亏损了 6000 万元！

为了应对一系列亏损，Hans 从幕后走向台前，亲自担任公司 CEO，开始调整梦之城业务。2016 年底到 2017 年，梦之城选择削减销售队伍，关闭内部研发部门的游戏部门，出售资产等方式来减负。Hans 将授权作为线下重点，计划与一些地产商合作主题公园。目前，已经在深圳前海的壹方城落地了阿狸儿童探索体验馆，在成都与田园东方合作的阿狸田野乐园也已经开业。

每年阿狸系列的授权经济收益可达数千万元。梦之城则开辟了包括阿狸主题蛋糕、阿狸主题酒店、阿狸主题城市一卡通，合作伙伴包括中国银行、麦当劳、五月花、悦诗风吟、周大福、相宜本草、屈臣氏等，衍生品类覆盖毛绒公仔、服饰、箱包、家居生活、文具等。目前阿狸的 SKU 超过 1000，且每年还在以新增数百个的速度增长。

一个 10 年的 IP 依然被很多粉丝记住，这是阿狸的魅力。2016 年 1 月，阿狸斩获亚洲授权业最高奖项 LIMA 亚洲授权业优秀大奖“最佳亚洲形象奖”，是迄今为止荣获该奖项的首个中国内地动漫形象。

阿狸目前的困顿，很好地证明了一个 IP 授权品的生命力最根本的还是取决于 IP 源头。阿狸要想成为一个持续 20 年甚至三四十年的 IP，就必须不断输出新的内容，如此才能让“IP 内容—授权—周边”不断滚动起来，最后形成闭环，相互促动。

一个 IP 的长期发展，最终还得回归于优质的内容输出。

没有连续的 IP，没有形成口碑的出品能力，周边产品就永远无法形成产品线，无法形成规模，只能是零碎的“赌”，这才是授权经济的要害。

反观日本、美国，尤其是在动漫电影领域，衍生品公司在编剧阶段、拍摄阶段就开始参与，开始开发相应衍生品，与电影内容、角色的契合度极高。电影上映前几个月，这些衍生品就已经铺货到各个渠道，开始预热。对这些衍生品来说，作为“本体”的电影反而成了一部超长广告。最终，两者形成了紧密互补的关系。

对于连续的 IP，这种操作就更容易了，也更有信心。

2018 年，北美电影被续集、翻拍和衍生的“IP 电影”垄断，TOP 10 中就有《黑豹》《复仇者联盟 3》《超人总动员 2》《侏罗纪世界 2》《死侍 2》《蚁人 2》《毒液》《碟中谍 6》《游侠索罗：星球大战外传》，唯一的原创电影是《绿毛怪格林奇》，显示了连续 IP 的强大生命力。

2019年，迪士尼推出的续作《冰雪奇缘2》《玩具总动员4》《星球大战9》《复仇者联盟4》都是系列电影，所带动的周边授权不仅稳定，而且价高，这给中国动漫及周边授权提供了最好的指引。

其实，互联网时代的IP与20世纪90年代前的IP很不同的是，很难再有一个IP可以10年、20年甚至上百年占据大众的视野和内心。不客气地说，迪士尼赖以起家的“米老鼠”以及之后创作的相当一批IP，已经处于“红巨星”状态——极为明亮，体积非常巨大，但已经是在衰亡期。维持迪士尼动画帝国的，更多的是不断创造和吸纳进来的新IP。

互联网时代，一切都在加速运行，一个IP的兴起会如烈火燎原，轰然兴起，但相应地，其生命周期也随之变短，很容易短时间内就过气，被遗忘。看台下的观众快速喜好又快速厌弃，只给舞台上的演员极短的表演时间。短暂的生命周期要求这个IP必须尽快变现，做大做强，并推出更多的新内容来延续IP生命。

这种情况下，一些老IP的复活就显得极为辛苦。

一个新IP要努力从“0”走向“1”，而老IP的复活并不是理所当然地从“1”走向“10”，有很大可能，它会从“1”走到“0”。

《老夫子》《乌龙院》，甚至新启动的《黑猫警长》，都出现了“老 IP”不受待见的尴尬情况。时移世易，无论审美、形象还是内核，它们都很难适应当下的生活。它们活成了“人瑞”——明明德高望重，年高德劭，却沦落为符号；明明还活着，更多地却是活在人们的记忆中。

消费者其实是无情的。对于 IP 来说，一旦停止输出新内容，IP 就有沦落的严重危险。这是 IP 特有的，也是关系 IP 生死的问题。

第五节
保护知识产权是授权经济的坚强外壳

中国的授权经济，目前最大的问题就是在版权问题上不规范，在勃勃生机中透露着很多不和谐的音符。

迈入21世纪的网络时代，版权问题已超越国界，成为各国共同面对的挑战和机遇。

原本中国的授权产业是很难做起来的，因为盗版的问题不解决，“短板”不加长，授权经济这个“木桶”就永远漏水。

因为授权经济显而易见的收益，目前中国的品牌授权行业还有着很多不和谐的声音。

在日本，有一种非常有名的巧克力夹心饼干，叫作“白色恋人”，是日本北海道石屋制菓株式会社生产的。自1976年问世，“白色恋人”就大受欢迎，2006年开始在成田国际机场售卖，逐渐扩展到十多家机场。目前，它每年销售超过2亿件，销售额100亿日元，是日本主要机场最畅销的食品特产，也是游客归国必买的产品之一，一些旅客甚至因为排队太长误了登机。

“白色恋人”如此热销，就有不少心存不善的商家盯上了它。还是大阪商家引领风气之先，率先推出了“面白恋人”饼干，直接来了个高仿，竟然销量不错。“白色恋人”大怒，跟水货“面白恋人”对簿公堂。没想到，这反而是给“面白恋人”间接做了广告宣传，越打官司，“面白恋人”卖得就越好，“李逵”也只好跟“李鬼”讲和，默认了“李鬼”的存在。

这给周围早已虎视眈眈的商家释放了腐臭的信号。

这之后，“千叶恋人”“秋田恋人”“宫城恋人”“福岛恋人”“奈良恋人”“大阪恋人”“群马恋人”“爱知恋人”“通天阁恋人”“京都恋人”“横滨恋人”“东京恋人”“秋叶原恋人”“北海道恋人”“合歌山恋人”“神户恋人”纷纷问世，以无比的热情壮大着“恋人团队”。到后来，大概消费者也不记得哪个才是正宗了。

当然，一贯精明过人，擅长抄近道的中国商家也不会放过这块肥肉。

从 2015 年开始，一些国内供应商信誓旦旦、煞有介事地声称已经获得了“白色恋人”的代理权。还有一家南京十喜坊贸易有限公司，公然展示了石屋制菓株式会社的授权书。

终于，2018 年 9 月 5 日，忍无可忍的日本石屋制菓株式会社在其网站上发布公告：

> 此前，本公司了解到，在中国，一家公司用自己的名字伪造了一份“委托书”，并谎称自己是“白色恋人”的正规代理机构。目前，本公司没有向日本以外的任何国家（包括中国）开展出口或销售业务，上面显示的“白色恋人”授权是伪造的。

这是当前中国授权行业可笑又耻辱的一幕。

这大概是授权经济中最大的毒瘤，也是授权经济最大的敌人。

这里，需要从历史角度和文化角度做一下分析。国人对于版权意识的淡漠是源远流长且根深蒂固的。他们对于个人权利十分模糊，相应地对于他人权利也缺乏尊重，往往出于私心侵犯他人权利而毫不在意，这是国民性格中极大的缺陷。在法律层面，这种侵权行为往往因为法不责众和守法成本、执法成本过高而无奈听之任之，导致作恶没有受惩罚；在道德层面，“对好人太坏，对坏人太好”的儒家“和稀泥式”的处事法则造就了平庸的大众，“事不关己，高高挂起”的自利主义让旁观者大多选择冷眼相看，“人不为己，天诛地灭”的“奋斗哲学”

又在鼓励民众踏破底线，勇敢挑战规则，侵权所得利益又在吸引从众者，使之趋之若鹜。终于，守法成为凤毛麟角，侵权成为大行其道的潜规则，再也无人愿意从事创造性活动。长期延续下来，造成的结果便是整个社会都在内卷化的泥潭中翻滚浮沉，怎么也突破不了天花板，而技术的停滞导致中国无法出现突破性的发展，始终囿于“休养生息—繁荣—衰落—战乱—改朝换代—休养生息……”的怪圈无法自拔。用《三体》里的名词来说，这就是“黑域”。

中国作为唯一没有中断文明的古国，我们有可以自傲的资本，曾经有灿若群星的英雄和诗人，有着傲视全球的政治智慧，曾经有高度领先的科技（包括“四大发明”），但许多古代科技的中断、失传和落后，其中一个重要原因便是缺乏对个人权利的保护，没有形成一个持久的健康的发展链条，社会也没有形成一个鼓励和保护个人权利的体系以及指导思想，只能成为个人才智爆发的“昙花一现”，无数天才人物的智慧和辛劳就这样浪费在了历史的沉积层中。

说回授权经济。我们曾在上面提到了20世纪90年代初国外动画大举进入中国时，国内对于哆啦A梦、Hello Kitty、米老鼠这些IP的随意侵权，那时候的国人对于版权知之甚少，不以为意，以及经济处于发展的初期，无力在版权方面承担，尚属情有可原。

其实，日本这个以保护知识产权闻名的国家照样有他的黑历史，在20世纪70年代也曾是假冒伪劣产品的重灾区，日本货便是“劣质货”的代名词，声名狼藉。比如萨苏就曾在《看邻人火烧——日本大发展时代启示录》提到，那时候日本主妇们会抱怨买到的卫生纸常常因为到处是窟窿而无法使用，而生产厂商对此并不感到羞耻，引起了家庭主妇们的强烈不满。

二战后日本的复苏虽然迅速，但毒奶粉、水污染、假酒、“血头”这些前些年中国经济发展过程中出现的严重社会事件，在几十年前的日本就出现了。

英国也是如此。1952年12月5—9日，伦敦发生烟雾事件，整个伦敦被有毒烟雾和咳嗽声笼罩着，直接或间接导致12000人因为空气污染而丧生。紧接着1956年、1957年和1962年又连续发生了12次严重的烟雾事件。直到1965年后，有毒烟雾才从伦敦销声匿迹。

美国的黑素材同样不少。

这大概是经济发展的通病。

说到韩国，韩国人以其独有的民族自豪感，超越宇宙的民族自信心，悍然无畏地“创造”出了不少日本已经创造出的动漫。

日本有《口袋妖怪》，韩国便有*POWERMON*，剧情高仿，并对皮卡丘做了“重大改进”——给皮卡丘光溜溜的耳朵后面添了两簇毛……

日本有《千与千寻》，韩国便有《月光宫殿》，剧中人物一一对应，丝毫不爽，后来还上映了真人版……

最让人瞠目结舌的是，韩国连《海贼王》也没放过。这回连名字都不动脑了，直接把*One Peace*改成*WE Peace*，剧中人物集体穿越到了韩国。

本着“只要别人有的，韩国就必须有”的原则，《七龙珠》《灌篮高手》《足球小将》通通遭了毒手。

这在韩国是有传统的。20世纪60年代，韩国处于独裁统治之下，政府对媒体的控制相当严厉，尤其是为了消除日本殖民时期的文化侵略、渗透，韩国政府采取了漫画审查制度，对日本漫画“去倭色”，删除原作中的日本背景，并用韩国的东西填补，进行“本土化”。

于是荒诞的一幕堂而皇之地出现了：

原作中的东京变成了首尔，大阪变成了釜山，京都变成了庆州，冲绳变成了济州岛，富士山变成了汉拿山；空手道变成了跆拳道，相扑变成了摔跤；关西方言变成了庆尚道口音，土佐方言变成了忠清道口音，冲绳语变成了济州岛方言；纳豆变成了清麹酱，拉面变成了方便面；日本国旗当然更不能放过，直接变成了太极旗。

这个传统一直延续了下来，所以我们近几年能看到故事发生在韩国的《柯南》剧场版，拥有了韩国名字的蜡笔小新、大雄、樱木花道（形象竟然变成了一个黑道胖子……）。

中国前些年的抄袭同样触目惊心：

《少年包青天》抄袭《金田一少年事件簿》，《爱情公寓》的气魄更为雄大，直接“拿来主义”，以国产剧的外壳，把美剧经典《老友记》《老爸老妈浪漫史》《生活大爆炸》抄了个遍。

2018 年，《我不是药神》不负众望，票房一路飙红。就在大家为中国出现了一部难得的反映社会民生问题的高票房电影而欢欣鼓舞时，却传出了不和谐的声音。眼尖的粉丝发现《我不是药神》15 亿元票房海报明显是翻版《海贼王》的一张海报。到了 20 亿元票房海报，又是抄袭《海贼王》……

没多久，《我不是药神》票房突破25亿元，又一张海报问世，赫然又抄袭了日本动漫《我的英雄学院》！

这还没算票房突破 3 亿元时，海报部分抄袭了画家陈哈 2017 年的油画作品《药不能停》……

25 亿元海报抄袭风波后，电影官方微博发表了道歉声明，只称海报雷同，涉嫌侵权，向广大影迷和动漫迷道歉。对于其他 3 次抄袭侵权，直接置之不理了。

整个《我不是药神》的宣发，一路伴随着海报抄袭的丑闻，以及营销方对于侵权的肆无忌惮和狡辩，十分清楚地映照出了当下中国版权保护认识的落后，要形成规范的版权意识和版权保护大环境非一日之功，不容松懈。

作为一线 IP，哆啦 A 梦的品牌授权 2006 年才正式进入中国，在此之前，中国所有的“哆啦 A 梦品牌”商品都是盗版。在中国，代理哆啦 A 梦品牌形象授权的是艾影（上海）商贸有限公司。2006 年，哆啦 A 梦正式授权进入中国市场，他们首先要面对的，是肆无忌惮的铺天盖地的盗版和侵权。

2014 年，重庆三家公司在未经授权的情况下将哆啦 A 梦立体模型布置在万达广场，而且将哆啦 A 梦印在广告上。艾影以起诉的方式维护自己的著作权，最终胜诉，获赔 12 万元。

同年，一场名为《假如我有机器猫》的哆啦A梦特展在呼和浩特市维多利时代城隆重上演，粗糙的做工引起部分观众的疑心。面对记者的质疑，维多利集团企划部负责人狡辩称：“这个不是哆啦A梦，是蓝胖子。”“之前我们不知道有版权这个事。”

2018 年，为吸引消费者前来购物，江苏常州某百货公司通过某传媒公司和某广告公司，在商场门口布置了 100 个哆啦 A 梦模型及宣传海报。艾影公司以 3 家公司侵权为由诉至徐汇法院，最终法院酌情判决 3 家公司连带赔偿艾影公司 135000 元，百货公司再单独赔偿 15000 元。

每年的多起侵权，艾影一方面很无奈，“我们只能玩打地鼠一样，一旦出现赶快去维权”，另一方面则毫不手软，该起诉的坚决起诉。令人欣慰的是，绝大部分官司都得到了满意的结果。

2017 年 1 月，“小猪佩奇”的版权方 eOne 公司联合其版权许可代理以及公安、检察部门，在汕头、东莞两地突击查获了 13000 多件“小猪佩奇”假冒产品。

2018 年 5 月，“小猪佩奇”版权方发现，聚凡公司在其淘宝网“聚凡优品 1”店铺中大量销售“小猪佩奇厨房小天地”玩具，生产商为嘉乐公司，玩具上标明是“正版授权”。而事实上并未获得授权，于是将聚凡公司和淘宝以及制造商汕头市嘉乐玩具实业有限公司告上法庭。

这个案件比较特殊的地方在于，被告之一嘉乐玩具曾是“小猪佩奇”的正式被授权商，不过授权期限只到 2016 年 12 月 31 日，授权范围也只有“佩奇”，不是“一家四口”，授权的销售渠道只有京东、亚马逊和天猫，并不包含淘宝。

这个案件的另一个特殊之处在于，被告之一淘宝的母公司阿里巴巴当时正在与 eOne 公司洽谈合作，准备联合推出“小猪佩奇”电影，以及共同开发“小猪佩奇”授权产品。但 eOne 公司依然不留情面，将淘宝告上法庭。这给中国商业界上了耳目一新的一课。

2018 年 8 月 20 日，杭州互联网法院公开宣判了全国首例涉“小猪佩奇”著作权侵权纠纷判决案件，最终判定：

嘉乐公司超过授权期限、授权范围、授权渠道生产、销售佩奇“一家四口”玩具，侵犯涉案美术作品的复制权、发行权。

聚凡公司从未和代理商洽谈过授权事宜，仅是从嘉乐公司进货，更加没有获得合法授权，侵犯了作品发行权、信息网络传播权。

被告方两家公司停止侵权行为，并赔偿版权方共 15 万元。

接下来，“小猪佩奇”版权方又因北京途歌科技有限公司擅自将其享有著作权的“小猪佩奇”形象张贴在途歌公司经营的 TOGO 共享汽车上，并以此为核心卖点进行商业宣传，将其诉至北京互联网法院，要求判令途歌公司立即停止侵犯其著作权，并赔偿经济损失及维权合理开支共计 50 万元。

2019 年 8 月 15 日，北京互联网法院对此案作出一审判决：认定被告侵害原告复制权和信息网络传播权，判决被告立即停止侵权行为并赔偿经济损失及合理开支共计 50 万元。

据估计，仅在中国，“小猪佩奇”在玩偶、食品、图书、牙刷等儿童用品遭遇的盗版侵权行为，就给 eOne 公司造成了上千万美元的损失。针对这一点，eOne 公司的态度是坚决斗争到底，为此不惜准备打 200 场官司，上面提到的两起诉讼不过是 200 场官司中的两场而已。

据《中国电影报》报道，由于中国市场盗版问题严重，好莱坞对中国的授权金额是美国本土的3倍。另外，盗版横行也降低了国内企业对衍生品的开发意愿。

一方面，是没有好的IP来开发衍生品，另一方面，本来就少的好IP的开发又没有形成全产业链，导致大众对于衍生品的需求只能从仿冒品那里得到满足。那些没有正版授权的山寨小作坊不需要缴纳授权费用，定价十分便宜，有着50%以上的利润率，正规被授权商根本无法与之竞争。因此，盗版侵权的问题得不到解决，IP衍生品就不可能有大的发展。

近些年来，中国的版权产业规模越来越大。

2016—2019年，中国版权产业的行业增加值已从5.46万亿元增长至7.32万亿元，产业规模增幅34%。从对国民经济的贡献来看，中国版权产业占GDP的比重由2016年的7.33%增长至2019年的7.39%。从年均增速来看，2016—2019年，中国版权产业行业增加值的年均增长率为10.3%，高于同期GDP（9.9%）0.4个百分点，发展势头极好。

这里面有两个授权经济相关点值得关注。

第一，大众尊重知识产权、遵守知识版权法律法规的意识正在增强。

放弃收听观看盗版，付费使用版权，已经逐渐被大众接受。在“00后”看来，版权付费是理所当然的事情，听付费音乐，看付费电影，已经成为他们的消费习惯。

2017年，中国网络版权产业市场规模达6365亿元，其中用户付费规模为3184亿元，占比突破50%。2018年，中国网络版权产业市场规模达7423亿元，同比增长16.6%。2019年，规模达9584.2亿元，同比增长29.1%，其中用户付费规模达4444亿元，占46.4%。这说明中国版权生态环境在不断优化，国民版权意识在不断提升，与之关联的授权经济因而也会迎来越来越规范的市场环境和保护。同时也说明，保护知识产权的观念是可以慢慢培养的。

第二，我国对知识产权的法律保护越来越严格，越来越到位。

2013年修改的《中华人民共和国商标》的第63条引入惩罚性赔偿制度。2019年修改的《中华人民共和国反不正当竞争法》第17条规定了恶意实施侵犯商业秘密行为的惩罚性赔偿。2021年1月1日正式施行的《中华人民共和国民法典》第1185条规定，故意侵害他人知识产权，情节严重的，被侵权人有权请求相应的惩罚性赔偿。2018—2020年，连续三年的政府工作报告都提出要加强知识产权保护。

相应地，近几年的中国知识产权案件审理数量也飞速增长，显示了中国版权保护的突飞猛进。

2017 年，中国知识产权相关的民事诉讼的起诉量比 2016 年增加 47%，达 20.1 万件。

2018 年，全国法院新收各类知识产权案件共计 33.5 万件，同比上升 41.19%；全年审结案件共计 31.97 万件，同比上升 41.64%，结案率达 95.43%。

2019 年，全国新收各类知识产权案件 48.2 万件，全国审结 47.6 万件，同比上升 44.16% 和 48.87%。

2020 年 12 月 30 日，上海市第二中级人民法院对美国职业篮球运动员迈克尔·乔丹（Michael Jordan）诉乔丹体育公司、百仞贸易公司姓名权纠纷案作出一审宣判。上海二中院审理后认为，乔丹体育公司是在明知迈克尔·乔丹具有较高知名度的情况下，仍然擅自选择“乔丹”二字进行商标注册，并登记了“乔丹”商号。法院依法判决乔丹体育公司公开在报纸和网络上向原告赔礼道歉，并澄清两者关系；乔丹体育公司停止使用其企业名称中的“乔丹”商号；乔丹体育公司应停止使用涉及“乔丹”的商标，乔丹体育公司应赔偿原告精神损害抚慰金人民币 30 万元；乔丹体育公司赔偿原告因本案诉讼所支出的合理费用人民币 5 万元。

消息一出，引来了众多网友纷纷叫好。2021 年 1 月，乔丹体育公司更名为中乔体育股份有限公司，“乔丹体育”商标从此成为历史名词。

这已经不是乔丹体育公司第一次被迈克尔·乔丹告上法庭，也不是第一次败诉。多次判决表明中国在版权保护方面的进步，也表明中国品牌的发展已经到了告别投机取巧“蹭品牌”的不规范阶段，应该堂堂正正地做中国自己的品牌。

这次审判有一个大背景，那就是同日完成投资协定谈判的《中欧全面投资协定》。简单来说，这份全面协定涉及公平竞争、市场准入等，向欧盟企业进一步扩大了开放，这意味着保护知识产权方面，中国将采取更严、更高的标准，严厉惩处各种侵权行为，很多山寨产品和品牌再无存身之处，倒逼着中国产业升级、品牌建设。这对于中国的授权经济，既是压力（更多欧洲品牌将进入中国，许多不规范授权操作将受到管制和惩处，中小企业的生存压力更大），也是机会（品牌建设的推进将催生更多高端中国品牌，帮助中小企业突破品牌限制）。

有了法律的护航，有了大众版权保护意识的增强，中国的授权经济正向着广阔的未来和美好的前景努力前行，必将在世界品牌授权经济领域大放异彩！

参考资料

[美]赛丹杰、格里高利·巴特斯比编著：《品牌授权原理（国际版）》，吴尘、朱晓梅译注，清华大学出版社2017年版。

[美]赛丹杰、格里高利·巴特斯比编著：《品牌授权原理（授权商版）》，朱晓梅、吴尘译注，清华大学出版社2016年版。

[美]艾·里斯、杰克·特劳特：《定位》，邓德隆、烨强译，机械工业出版社2017年版。

[法]让·鲍德里亚：《消费社会》，刘成富、全志钢译，南京大学出版社2014年版。

[日]大前研一：《M型社会：中产阶级消失的危机与商机》，刘锦秀、江裕真译，中信出版社2015年版。

[日]大前研一：《低欲望社会》，姜建强译，上海译文出版社2018年版。

吴晓波：《激荡十年，水大鱼大》，中信出版社2017年版。

萨苏：《看邻人火烧——日本大发展时代启示录》，四川人民出版社2013年版。

孙立军、孙平、牛兴侦主编：《数字娱乐产业蓝皮书：中国动画产业发展报告（2017）》，社会科学文献出版社2017年版。

《2020 全球授权市场报告》，国际授权业协会（Licensing International）2020 年 6 月 8 日发布。

《2020 年中国品牌授权行业发展白皮书》，中国玩具和婴童用品协会品牌授权专业委员会 2020 年 5 月 20 日发布。

《Brand Finance 2020 年全球品牌价值 500 强报告》，英国品牌金融咨询公司（Brand Finance）2020 年 1 月 22 日发布。

《中国消费新趋势：三大动力塑造中国消费新客群》，阿里研究院、波士顿咨询公司 2017 年 5 月 23 日联合发布。

企鹅智酷：《全球品牌（部分）中国网络影响力排行榜暨企鹅智酷品牌影响力指数报告》，2018 年 1 月发布。

《2020 年中国消费者调查报告：中国消费者多样化“脸谱”》，麦肯锡 2019 年 12 月发布。

《2020 中国奢侈品消费者数字行为洞察报告》，TMI 腾讯营销洞察（TMI）与波士顿咨询公司（BCG）2020 年 9 月发布。

《中国品牌影响力研究报告（2019）》，中国社会责任百人论坛 2019 年 12 月 25 日发布。

《消费分级！ 2019 中国消费新趋势报告》，《每日经济新闻》美好商业研究中心 2019 年 3 月 14 日发布。

《在线！ 2020 中国消费新趋势报告》，《每日经济新闻》美好商业研究中心 2020 年 3 月 15 日发布。

《2020 中国消费品牌发展报告》，阿里研究院 2020 年 5 月 9 日发布。

《2017 年全球主题公园调查报告》，世界主题公园权威研究机构美国主题娱乐协会（TEA）与第三方旅游行业研究及咨询机构美国 AECOM 集团 2018 年 5 月 17 日联合发布。

《平均每天新登记成立企业 1.65 万户 我国企业发展活力充沛》，《人民日报》2019 年 5 月 8 日。

《南极人、恒源祥、北极绒：不负责生产，只负责卖牌》，《南方周末》2018 年 12 月 6 日。

《滥用品牌授权 皮尔·卡丹走下“神坛”》，《中国经营报》2016 年 8 月 27 日。

《消费者愿意为美好生活买单 美好生活 2019 中国消费者品牌榜单解读》，《每日经济新闻》2019 年 3 月 17 日。

《2019 年中国版权产业增加值已占到 GDP 的 7.39%》，凤凰网，2020 年 12 月 30 日。

《看到激萌的周边就把持不住，今年上半年你被哪些 IP 圈了钱？》，搜狐网，2017 年 7 月 25 日。

本书法律顾问：王军权（河南心连心律师事务所律师）

知识产权顾问：陶田（北京集佳知识产权代理有限公司）